LA CHRISTIADE

OU

LE PARADIS RECONQUIS.

TOME TROISIÈME.

LA CHRISTIADE OU LE PARADIS RECONQUIS,

POUR SERVIR DE SUITE AU PARADIS PERDU DE MILTON.

Positus est hic in signum cui contradicetur.
Luc. c. 11.

TOME TROISIE'ME.

A BRUXELLES,
Chez VASE, Libraire.

M. DCC. LIII.

EXPLICATION
DES PLANCHES
DU TROISIÈME VOLUME.

Planche du cinquième Chant.

Jésus-Christ refusant la Royauté.

LE Sauveur ayant nourri avec cinq Pains d'orge & deux Poissons, une multitude de Peuple qui l'avoit suivi dans le desert, au nombre de plus de cinq mille personnes, les Principaux de ce Peuple délibérent de le faire Roi, & lui présentent la couronne par un effet de leur reconnoissance ; mais J. C. la refuse en rapportant tout à Dieu, à qui seul appartient la gloire & l'empire.

VIGNETTE
DU CINQUIÈME CHANT.

Magdeleine convertie.

Magdeleine ayant été au Temple pour

voir & entendre le Sauveur, eſt bleſſée d'un trait de la grace, & ſes yeux s'étant ouverts à la lumiere, elle court chez elle, & après avoir renvoyé tous ſes amans; elle fait à Dieu le ſacrifice des vanités & des pompes mondaines; c'eſt dans cet inſtant que Marthe ſa ſœur qui s'étoit apperçue de l'heureux changement de Magdeleine, vient s'en réjouir avec elle; & c'eſt la reconnoiſſance de ces deux ſœurs qui fait le ſujet de cette Vignette. Une Domeſtique curieuſe épie & écoute cette converſation qui étoit un évenement nouveau, Marthe n'ayant jamais fréquenté Magdeleine, tant qu'elle avoit été dans ſes égaremens. On peut lire la reconnoiſſance & la converſation de ces deux ſœurs dans le Chant cinquiéme.

PLANCHE
DU SIXIE'ME CHANT.

La Médiation du Verbe.

ADAM & Eve ayant péché dans le Paradis terreſtre, tomberent incontinent dans les filets de la Mort, ſelon cette parole du Roi Prophéte, *præoc-*

cupaverunt me laquei mortis. Les filets de la mort m'ont environné. Eve effrayée à la vûe de ce Monstre jusqu'alors inconnu sur la terre, prend Adam par le bras, comme il est naturel à une femme de s'appuyer de son mari dans le danger. Adam violemment entraîné par la Mort, se roidit sur le bord du précipice où il est prêt à tomber, & se voyant sans espoir, il tourne ses regards vers le Ciel pour y trouver un Médiateur. En effet, le Verbe y arrête le bras de son Pere, prêt à lancer le foudre sur les coupables; il obtient grace pour eux, en s'offrant de satisfaire à la justice irritée; & c'est-là que le traité de la médiation du Verbe & de la Rédemption de l'homme, se conclut entre Dieu & son Fils.

VIGNETTE

DU SIXIE'ME CHANT.

La naissance de la femme.

On voit ici Dieu, qui ayant assoupi Adam, tire de son côté la Femme, & l'anime pour lui en faire une Compagne. Les

Animaux ſont ſeuls ſpectateurs de cette naiſſance. Le Lion & le Bœuf, animaux ſérieux, ſont couchés auprès d'Adam, dont ils reſpectent le ſommeil; & le Chien le plus fidele de ſes domeſtiques, veille à ſes pieds. La Pie bondit de joie, & fait un Dialogue ſur cette naiſſance, avec le Perroquet perché ſur une branche, tandis que le Roſſignol la chante ſur le ton le plus tendre, & que le Chat & le Singe la célébrent par leurs Jeux Pantomimes.

SOMMAIRE

SOMMAIRE
DU CINQUIE'ME CHANT.

JESUS-CHRIST vient au Temple pour solemniser la Fête des Tabernacles. Il guérit l'aveugle-né à la porte du Temple. Il parle en public ; lorsque Marthe, qui l'écoutoit, voit entrer Magdeleine dans le Temple avec une pompe & des airs mondains, elle redouble ses vœux au Ciel pour la conversion de Magdeleine ; celle-ci fixe ses regards sur l'homme-Dieu ; mais à peine ce Sauveur qui pénétre les intentions & les replis les plus secrets du cœur humain, eût connu le dessein téméraire de Magdeleine, qu'il en eût pitié, & lui lançant un regard pur, vif & perçant qui porta la Grace victorieuse dans son cœur, cette pécheresse se trouve tout à coup changée & convertie. Sa confusion, sa retraite, son sacrifice des mon-

danités & vanités du siécle ; elle s'attache á Jesus-Christ. Festin chez Simon le lépreux, où ce Sauveur est invité ; on y chante devant lui les caractères du Messie, *& les signes qui annonceront son avenenement. On chante au long la gloire de ce* Messie, *selon les idées terrestres que les Juifs avoient du regne de ce Libérateur futur, & du bonheur des Israëlites qu'il viendra délivrer. Tout cela se fait pour insulter à Jesus-Christ, qui, selon les Juifs charnels, n'avoit aucun de ces caractères éclatans. Le Pharisien Simon & les autres Pharisiens examinent malignement Jesus-Christ pendant qu'on chanté. A peine a-t-on fini que Magdeleine entre dans la Salle du festin, & rend un hommage public à la divinité de Jesus-Christ en le recconnoissant pour le vrai* Messie & Fils de Dieu. *Profusion de Magdeleine ; Conduite de Jesus-Christ envers elle ; mécontentement de Judas Iscariot. Murmure des Pharisiens ; ca-*

bale de ses ennemis ; il est abandonné de tous les convives. Il sort de chez Simon. Nouveau Conseil des Démons, dont le résultat est d'opposer un rival à Jesus-Christ, dans la personne d'Hérode Antipas sous le titre de Messie. *Inspirations de Satan à Hérodiade ; intrigues de cette femme ambitieuse, secondée de Satan & de ses Démons, qui s'emparent des esprits de la Synagogue, & réunissent les différentes sectes de Pharisiens, Saducéens & Hérodiens ; il s'en forme un parti contre Jesus-Christ en faveur d'Hérode ; celui-ci est proclamé* Messie *par ses partisans ; mais la politique & la crainte font céder l'ambition de ce Monarque, aux raisons qu'il apporte à Hérodiade & à ses partisans ; ainsi ce beau projet se dissipe en fumée ; mais Hérode n'en est pas moins ennemi de Jesus-Christ & porté à le faire périr. On envoye des Satellites pour le prendre, ou le tuer. Jesus-Christ sans s'émouvoir, va au Temple solemniser la Fête de la Dédicace de l'Autel. Di-*

verſes tentations dont il eſt aſſailli ſous le portique de Salomon. Reproches & invectives dont il accable ſes ennemis. qui courent aux pierres pour le lapider ; mais il paſſe tranquillement au milieu d'eux. Il ſort de Jéruſalem avec ſes Apôtres, il prend ſa route par la Samarie ; miracles innombrables qu'il y fait. Il paſſe au Déſert. Les peuples, au nombre de cinq mille perſonnes l'y ſuivent pour le voir & l'entendre ; il monte ſur la montagne, d'où il annonce les béatitudes, & prononce les anathêmes. Faim qui preſſe les peuples ; inquiétude de Jeſus-Chriſt & de ſes Apôtres. Miracle de la multiplication des pains. Reconnoiſſance des peuples qui veulent le proclamer Roi. Jeſus-Chriſt fuit, repaſſe dans la Galilée, & prend la route du Thabor.

LA CHRISTIADE. *Chant V.*

C. Eisen inv et f. 1753. P. Chenu Sculp.

C. Eisen inv. et f. 1763. N. Le Mire sc.

CHANT V.

CEPENDANT le Signe céleste de la Balance, annonçoit le septiéme mois de l'année Solaire, & la solemnité des Tabernacles [1].

---

1 *Tabernacles* ou *Scenopégie.* Fête des Juifs qui fut instituée après que le peuple d'Israël fut mis en possession de la terre de Chanaan, & cela en mémoire de ce que les Israëlites avoient habité sous des tentes dans le Désert. On la célébroit le quinze Septembre; elle duroit huit jours, dont le dernier

Cette Fête ordonnée par le Législateur de Sinaï, sert à rappeller la mémoire des bienfaits du Ciel, pendant les quarante années qu'Israël voyageant dans le désert, avoit vêcu sous des tentes. Déja chaque famille retraçoit cette mystérieuse image, en se formant des pavillons de verdure & de mirthe; le parvis du Temple, les cours, & les jardins des maisons, étoient ornés de rameaux verdoyants, sous lesquels l'Israëlite retiré pendant sept jours, entonnoit des Cantiques de joye & de reconnoissance. Déja le dernier jour, jour le

---

étoit le plus solemnel, tant par l'affluence des personnes, que par les démonstrations extérieures de joye qu'on y donnoit, c'est en parlant de ce huitiéme jour que *S. Jean* dit que *J. C. se trouva à la Fête des Tabernacles en sa derniere & grande journée.*

plus solemnel, étoit arrivé; un peuple innombrable se répandoit dans la vaste enceinte du Temple, & sous ses galleries, lorsque l'homme-Dieu y vint suivi de ses compagnons, & des partisans que ses prodiges lui avoient fait. Un infortuné privé de la douce lumiere du jour, dès le moment de sa naissance, mandioit assis à cette porte du Temple [1] que le brillant airain de *Corinthe* [2], dont

1 *Porte du Temple.* Où étoient assis les aveugles & les estropiés qui ne pouvoient y entrer à cause que les *Jebusséens* par mépris, n'opposerent à *David* qui les assiégeoit dans la Forteresse de Sion, que des aveugles & des estropiés, qui représentoient les ennemis de *David*; & cet usage s'est toujours conservé.

2 *Airain de Corinthe.* Fameuse ville du Péloponèse, située entre la mer *Ioniene*, & la mer *Egée.* On l'avoit appellée autrefois *Ephire*, du nom d'une Fontaine. L'airain de *Corinthe*, fort

elle étoit artistement travaillée, avoit fait surnommer *la Magnifique*. L'homme-Dieu voulant rendre témoins de son pouvoir divin, les peuples qui étoient présens, forma de sa salive, & de la poussiere du parvis, une sorte de boue, & l'appliquant avec le doigt sur les yeux de l'aveugle-né; *vois*, lui dit-il d'un ton assuré, *le jour luira désormais pour toi*. A ces mots l'aveuglement disparoît: étonné des beautés de l'Univers, & de voir pour la premiere

---

estimé chez les Anciens, étoit un mélange de quatre parties d'or & d'argent. Personne n'ignore de quelle maniere se forma cet airain; ce fut dans un embrâsement de la ville de *Corinthe*, où les Statues & les Vases de divers métaux qu'on y travailloit, fondirent; de ce mêlange on vit naître un bronze très-précieux, qu'on a depuis nommé *airain de Corinthe*.

fois le flambeau du Ciel, & la forme humaine, l'aveugle-né promena long tems ses regards curieux sur la multitude assemblée ; puis guidé par les mouvemens de sa reconnoissance, il cherche l'auteur du bienfait qui l'éclaire; mais déja suivi de plusieurs milliers de personnes, Jesus avoit pénétré au milieu du Temple ; il y glorifioit son Pere du prodige qu'il venoit d'opérer, & réfutoit les calomnies de ses ennemis, lorsque dans un cortege superbe, & sous les plus magnifiques atours, Magdeleine arriva dans le Temple, & attira tous les regards. Marthe qui l'avoit devancée, se joignit à elle ; le Fils de l'Eternel enseignoit les peuples ; les doux accens de sa morale divine, sont semblables à la pluye bienfaisante & à la neige qui tombe du Ciel sur une terre altérée, elle la pénétre, l'abreuve, la fait germer, fait produire au centuple le grain que le ſage Laboureur y a ſemé, & lui prépare ſa nourriture. Telle eſt la morale du Fils de l'Eternel : les peuples goûtent avidement les ſages maximes qu'ils entendent ; l'attention eſt générale ; l'envie ſe lit ſur le front des Pontifes & des Princes qui n'oſent contredire publiquement ; Magdeleine fixe ſes regards attentifs ſur le Dieu viſible qui parle ; elle partage en ſecret ſa gloire ; ſon cœur vole au-devant du Héros qu'elle adore ; elle n'attend qu'un regard favorable de ſa part pour en triompher, & faire de ce maître des cœurs, un captif ſoumis & reſpectueux. Telle étoit encore ſa préſomption quoiqu'aux pieds des Autels. Animée par l'eſpoir d'une victoire certaine, ſon cœur ſe livroit aux plus flatteuſes illuſions, quand le Sauveur du monde lui lança ce regard qu'elle attendoit. A l'inſtant le feu ſacré qui ſort impétueuſement des yeux du chaſte Fils de l'Eternel, mille fois plus prompt & plus perçant que l'éclair, anéantit, dévore & conſume le feu profane des regards de Magdeleine; ils diſputent en vain, ces regards interdits, chancelans, opprimés par la Majeſté Divine, ils ſont forcés de céder; ils ſe baiſſent & ne ſe relevent plus. Au trait victorieux qui perce ſon cœur, les ſept Eſprits impurs qui la poſſédoient, s'envolent; Magdeleine n'eſt plus: l'Idole eſt renverſée, ſes pieds d'Argile [1]

---

1 *Ses pieds d'Argile.* Alluſion à la Statue que Nabuchodonoſor vit en ſonge, dont la tête étoit d'or, la poi-

ſont briſés. Tel dans le creuſet d'une ardente fournaiſe eſt un métal impur que la main habile de l'ouvrier, prépare à ſes deſſeins : d'abord le feu actif pénétre ſes pores par degrés, diviſe, ſépare, corrode, épure les parties terreſtres : le métail ſe liquefie en feu bleuâtre, l'impureté de la matiere s'exhale en fumée noire & épaiſſe, & enfin l'or pur reſte au fond du creuſet. Dès ce moment confuſe & tremblante, la belle pécheresſſe ſent une inquiétude nouvelle ; elle ne ſçait où elle eſt ; dans le trouble

---

trine & les bras d'argent, le ventre & les cuiſſes d'airain, & les pieds partie de fer & partie d'Argile. Figure du phantôme coloſſal du monde qui ne porte ſur rien de ſolide, & que la moindre pierre qui ſe détache de la montagne, c'eſt-à-dire, du *Ciel*, abbat, renverſe & détruit en un inſtant.

qui l'agite, elle jette les yeux sur ses parures mondaines, le bandeau de la vanité étoit évanoui, avec les Démons qui la tenoient sous leur puissance; alors elle voit toute l'ignominie[1] de sa misere, & elle en rougit. C'est ainsi qu'après leur funeste prévarication nos premiers peres apperçurent leur honteuse nudité[2], & chercherent à la ca-

1 *Elle voit l'ignominie*. Septem ergo Dæmonia habuit quæ universis vitiis plena fuit; sed ecce quia turpitudinis suæ maculas aspexit, lavanda ad fontem misericordiæ cucurrit. Convivantes non erubuit; nam quia semetipsam graviter erubescebat intus, nihil esse credit quod verecundaretur foris. *S. Greg. Pap. Hom. 33. in Evang.*

2 *Nudité*. La connoissance de la nudité extérieure du corps, ne vint à Adam & Eve que par la funeste connoissance qu'ils eurent, d'avoir perdu la justice originelle dont ils étoient dépouillés

cher devant la face de leur Créateur. Telle la pécheresse se dégageant brusquement de la multitude, court se renfermer dans son Palais, elle y trouve une cour voluptueuse d'adorateurs, qui s'avançent à sa rencontre, & qui cherchent à lire leur sort dans ses yeux. Alors s'armant d'un généreux effort qui pour la premiere fois éclipse la douceur de ses regards, pour n'y laisser voir que l'indifférence & la rigueur; elle leur crie sans s'arrêter : ô amans insensés, portez ailleurs vos hommages & vos feux profanes, éloignez-vous, fuyez; Magdeleine n'est plus à vous. En achevant ces mots, elle

---

par le péché, & dont la privation les laissoit nuds, & exposés à tous les traits de la concupiscence & du Démon. *Menoch. in Genes.*

s'enfonce dans l'extérieur de son Palais, & ne laisse à cette foule d'amans interdits & confus, que la honte, le dépit & le désespoir pour tout partage.

Dès que Magdeleine se vit seule & en liberté, donnant un libre cours à sa douleur & à ses larmes, elle soupire, elle baisse les yeux, puis les élevant vers le Ciel, elle s'écrie : » O toi, vé-
» rité trop sensible, pourquoi
» viens-tu si cruellement trou-
» bler mon repos, ou pourquoi
» as-tu tant tardé à te montrer? «
A ces mots, que des sanglots entrecoupent, ses gémissemens recommencent; puis tout-à coup poussant un soupir vers le Ciel :
» O beauté toujours ancienne
» & toujours nouvelle, que ne
» vous ai-je connu plûtôt pour[1]

1 *Pour vous aimer toujours.* Sero te amavi. *August. Confess. lib. 1. c. 1.*

» vous aimer toujours. « Telle une biche qu'un chasseur a blessé, fuit dans les bois traînant après elle le dard qui lui a ouvert une profonde blessure dans le sein, & fait retentir les forêts de ses cris plaintifs. Telle Magdeleine pousse du fond de son cœur des gémissemens amers, & verse des torrens de larmes. Mais tout à coup sa douleur devient muette ; ses pleurs sechent ; les bras entrelassés, elle reste immobile ; toutes les fonctions de son ame sont suspendues ; sans vie & sans sentiment, dans les bras de la Grace, elle acheve de mourir au monde & à la vanité : bientôt elle renaît, une sainte fureur s'empare d'elle, elle rougit de ses mondanités, & foule aux pieds les pompeuses amorces de l'orgueil & du plaisir.

En ce moment l'obscene Esprit de ténebres que la grace victorieuſe de l'Homme-Dieu avoit contraint d'abandonner le cœur de la belle péchereſſe, l'impur Belial, & l'inviſible démon de l'orgueil eſſayent d'y revenir, & de ſe gliſſer de nouveau dans ſon ame ſous les apparences du faux reſpect humain. Ils lui adreſſent ces paroles ſpécieuſes à l'oreille de ſon cœur. » Beauté ſans » égale, Magdeleine, eſt-ce » bien toi qui renonces au mon- » de? Ce monde dont tu as tou- » jours fait les plus cheres déli- » ces: ce monde qui t'adore, & » dont tu regles encore le deſtin? » Se peut-il, que tu te laiſſes ſur- » prendre aux accens impoſteurs » d'une fauſſe éloquence? Toi, » dont la beauté, éloquence vi- » ſible, donne le ton au cœur, » & porte dans les ames cette » parole muette, qui perſuade

» & qui convainc, qui renverse
» toute philosophie, & qui triom-
» phe du philosophe. Magdeleine
» renonces-tu à tes appas divins,
» & à tes charmes ? Ces charmes
» naissants qui te rendent la mer-
» veille de ton siécle ? méprises-
» tu les avantages inestimables
» d'une brillante jeunesse, qui
» n'a pas encore atteint son qua-
» triéme lustre[1] ? Regarde en pi-
» tié cette foule d'amans que ta
» fuite désespere ; regarde der-
» riere-toi ; il en est tems enco-
» re ; n'attends pas à demain ;
» un jour plus tard, tes regrets
» sont superflus, & gravent sur
» ton front la honte ineffaçable
» d'une démarche imprudente,
» qui te rendra la fable de ce
» monde, dont tu es l'idole. »
C'est ainsi que le tentateur ar-

---

1 *Quatriéme lustre.* vingt ans.

mant Magdeleine contre elle-même, lui oppofe la barriere des vanités, & des faux préjugés d'un monde corrompu. Mais bientôt, nouvelle *Héroïne de la grace*, éclairée de fa célefte lumiere, & animée du feu divin qui la dévore, elle franchit courageufement tous les obftacles que le menfonge lui fufcite : loin de moi, s'écrie-t'elle, faux refpect d'un monde que j'abhorre, honneurs, plaifirs, dignités, richeffes, & vous fur toutes chofes, beauté dangereufe, préfent le plus funefte que puiffe nous faire le Ciel en courroux, lorfqu'il ne l'accompagne pas du précieux don de la fageffe, je vous méconnois tous; je vous détefte; votre vain & fragile éclat ne m'abufera plus déformais; c'eft à vous, & à vous feul, ô Dieu dont la lumiere fecourable a difſipé l'aveuglement qui me faiſoit prendre ces vanités pour des biens réels ; c'eſt à vous que je les ſacrifie : je le dis, & dès ce moment[1] je commence une vie nouvelle ; je romps mes liens ; & je reconnois que le changement qui s'opere en moi, eſt l'ouvrage de votre droite[2].

A ces mots, portant la main ſur le frivole édifice de ſa coëffu-

---

1 Dès ce moment. *Dixi nunc cœpi. Pſalm. 76. 11.* Lorſque vos actions commenceront à vous déplaire, c'eſt-là où commencent vos bonnes œuvres, parce que vous accuſez vos œuvres: Le commencement d'une bonne œuvre c'eſt la confeſſion des mauvaiſes œuvres, dit *S. Auguſtin. Cùm autem cœperit tibi diſplicere quod feciſti, inde incipiunt bona opera, quia accuſas mala opera tua : initium operum bonorum, confeſſio eſt operum malorum.* Hom. S. Aug. Tract. 12. in Joann.

2 *L'ouvrage de votre droite.* Hæc mutatio dexteræ excelſi. *Pſalm. 76. 11.*

re, elle le détruit; elle arrache de ses cheveux artificieusement ornés, les diamans & les pierres précieuses qui perdent leur éclat en tombant; elle brise ses colliers dont les perles roulent éparses sur le plancher, & servent ses desirs en s'éloignant d'elle. Elle déchire ses vêtemens de gaze de *Cos* [1], & de pourpre de *Tyr* [2]; puis d'une main sûre, & soutenue par un saint dépit, elle même renverse les autels qu'elle avoit élevé à la volupté, & où

1 *Gaze de Cos.* Du Cange dit que le mot de *gaze* est venu premierement de *Gaza* ville de Syrie, où l'on inventa ces sortes d'étoffes. *Cos* une des Isles de l'Archipel, & patrie d'*Hypocrate* qu'on appelle aujourd'hui *Lango*, se rendit fameuse par ses manufactures de gaze, qui étoit plus estimée que les étoffes les plus riches d'or & d'argent.

2 *Tyr.* Renommée pour la teinture de la pourpre.

chaque jour elle alloit puiſer de nouveaux moyens de relever ſes charmes naturels. Les bains rompus n'offrent plus aux yeux que des précieux reſtes d'une ſenſualité mondaine; les glaces, ces échos muëts de la vanité qu'elles retracent aux yeux, ſont briſées; les eſſences de prix ſont renverſées; les vaſes de parfums fracaſſés, ſont foulés aux pieds; les eſclaves, miniſtres mercénaires de la moleſſe, ſont affranchis. Plus d'amans, plus de cour, plus de luxe, plus d'orgueil; Magdeleine ſe dépouille ſans réſerve; & de tous ces riches & pompeux débris, la nouvelle *amante du Fils de Dieu*, n'épargne qu'un vaſe d'albâtre rempli du nard le plus rare & le plus précieux de l'Orient, elle ſeule en ſçait la deſtination.

Cependant Marthe qui avoit

remarqué le trouble de Magdeleine, & l'effet de la grace victorieuſe de ſes erreurs, vient pour la premiere fois dans ce Palais qu'elle n'avoit jamais abordé, pendant que les égaremens de ſa ſœur avoient duré. La ſolitude & l'air triſte qui y régne, lui confirme l'événement qu'elle deſiroit, & qu'elle eut payé de ſa propre vie. Du plus loin que la belle pénitente apperçoit Marthe, elle court à elle les bras ouverts, & les yeux mouillés de larmes. O ma ſœur, lui dit-elle, oſerai-je vous nommer de ce nom ? Daignerez-vous encore regarder une préſomptueuſe, dont l'indécente témérité devroit vous obliger à la fuir ? Mais que ne vous dois-je point, puiſqu'en flattant mon erreur, vous m'avez conduite à la lumiete qui l'a diſſipée ? Vous aviez bien raiſon de me diré, que si je connoissois ce Dieu-homme, que je voulois témerairement ranger sous mes loix, je m'estimerois trop heureuse de vivre sous les siennes? Insensée que j'étois! Hélas, lorsque ce Dieu visible a exposé à nos yeux la peinture d'un enfant prodigue & indocile, abandonnant son pere, pour aller vivre au gré de ses desirs dans une terre étrangere, & dissiper son bien avec des impudiques, n'étoit-ce pas moi qu'il avoit en vûe? Sous les traits de cette ingénieuse, & indirecte morale, n'étois-je pas désignée? n'avois-je pas plus d'une ressemblance avec ce fils dissipateur? La bonté de ce pere à recevoir ce fils qui revient à lui, n'étoit-elle pas une voix secrette qui me disoit au fond du cœur, » *Magdeleine*, je suis ce » pere, tu es ce fils, reviens à moi,

moi, vois mes bras ouverts pour te recevoir, malgré ton indifférence, mon amour n'eſt pas éteint, ah que je l'ai bien éprouvée cette tendreſſe paternelle! je le connois préſentement ce Dieu qui a porté la lumiere de ſa grace dans mon ame; & c'eſt à lui que je viens de faire le ſacrifice des vanités dont vous voyez les reſtes.

O Magdeleine! ô ma ſœur, s'écria Marthe qu'un doux ſaiſiſſement de joye avoit empêché juſqu'alors de parler, eſt-ce bien vous que je vois? Eſt-ce vous que je viens d'entendre? Eſt-ce l'idole du monde qui eſt renverſée? Le bandeau eſt donc tombé! Votre cœur percé des traits de la grace divine renonce donc au monde? Dieu puiſſant acheve ton ouvrage! Fais qu'il n'y ait plus pour Magdeleine de retour à la vanité ! Et vous, Anges du Ciel, s'il est vrai que vous prenez part au sort des hommes, & que leur bonheur vous intéresse[1], célébrez par vos chants, ce jour fameux qui donne une *amante* au Fils de l'Eternel.

A ces mots, Marthe & Magdeleine se livrent à de mutuels embrassemens ; les larmes coulent de part & d'autre ; le silence énergique, les soupirs, les regards satisfaits, parlent seuls pendant quelques instans ; mais bientôt Magdeleine reprenant la parole : » Oui, dit-elle, je consens, » je desire que ce jour heureux

1 *Leur bonheur vous intéresse.* Dico vobis quod ita gaudium erit in Cœlo super uno peccatore pœnitentiam agente, quam super nonaginta novem justis qui non indigent pœnitentia. *Luc.* 15. 7.

» pour moi, soit marqué dans les » annales du Ciel en caracteres » ineffaçables ; & j'invite tous » les immortels à chanter l'*Epithalame* du chaste hymenée, » qui me lie à mon Dieu pour » toujours. O Marthe, unissons-» nous dans notre attachement » pour ce Messie divin ? Déja je » me reproche les momens que » je perds loin de lui ; mon amour » ne peut souffrir un plus long » retardement ; je vais le chercher ce Dieu visible ; je parcourerai toute la ville [1] : sans » rougir je demanderai à tous » ceux que je trouverai sur mes » pas, n'avez-vous point vû [2] ce-

1 *Toute la ville.* Surgam & circuibo civitatem per vicos, & plateas quæram quem diligit anima mea. *Cant. Cant. c. 3.*

2 *N'avez-vous point vû.* Num quem diligit anima mea vidistis. *Ibid.*

„ lui que mon ame chérit ? En
„ quelqu'endroit que je le trou-
„ ve, je tomberai à ses pieds ; je
„ ne m'en séparerai plus ; mes
„ larmes lui prouveront mon
„ amour, & mériteront peut-être
„ une parole consolante de sa
„ bouche adorable. „

Tandis que ces deux pieuses sœurs s'expriment leurs sentimens, & se confirment dans leur amour pour l'homme-Dieu, le bruit du changement inopiné de Magdeleine agite toute la ville. Ses amans rebutés, pour se venger de ses mépris, publient par tout que la présence du prétendu *Messie*, a troublé sa raison. Bélial les inspire ; la calomnie est leur langage, ils ajoutent que ce Galiléen imposteur, sçavant dans l'art magique, & ami familier des démons, ne fait des prodiges qu'au nom de *Béelzébut* leur Prince ;

qu'il a dérobé du Temple le nom de Dieu, & qu'il en a fait un talisman qui lui assure le succès de toutes ses entreprises, & dont il se sert pour séduire les esprits foibles, & se faire des partisans. Mille impostures pareilles sont proférées publiquement par ces amans insensés; & appuyées de l'aveu des Princes des Prêtres, elles trouvent crédit parmi le peuple; les uns plaignent *Magdeleine* : les autres la blâment ; nul ne discerne le pieux motif d'un changement de vie, qu'on traite de dérangement d'esprit & de conduite; conduite à laquelle on applaudissoit néanmoins, lorsque ses excès étoient publics. Vous seule, ô Marthe, vous seule ravie de joye, pénétriez le mystere d'une conversion que vos larmes avoient procurée!

Pendant qu'une injuste & aveugle prévention débite ses mensonges odieux dans la Cour du grand Prêtre, & que tous les Princes frémissent en secret des progrès de l'homme-Dieu ; ce divin Héros entre dans la maison d'un fameux Pharisien, qu'il avoit depuis peu délivré d'une lépre universelle, dont il n'eut pû guérir que par un miracle. Ce bienfait signalé auroit dû l'attacher sincerement à son bienfaiteur ; mais l'envie l'emportant sur la reconnoissance, il étoit secrettement ligué avec les ennemis de l'homme-Dieu. C'étoit pour juger de ses maximes, & pour le surprendre dans ses discours, que le *Pharisien Simon*, avoit invité Jesus à un grand festin d'appareil, où devoient se trouver les principaux des Pontifes, des Princes des Prêtres, & les plus zélés d'entre les Phariſiens. La maiſon du Phariſien Simon n'avoit pas cet air de magnificence, qui du premier coup d'œil annonce le Palais d'un Roi ; mais elle étoit d'ailleurs vaſte & brillante par une noble ſimplicité d'ornemens, & par des ameublemens qui, quoique modeſtes, ſe reſſentoient de la moleſſe, où vivoient ces ſectateurs d'une morale ſevere qu'ils ne pratiquoient pas. La gallerie où devoit ſe donner le feſtin, n'étoit point éclatante en dorure, mais elle étoit ſoutenue tout autour par douze colonnes d'un ordre Dorique du plus beau bois de cédre poli comme une glace, & d'une odeur ſuave. Dans l'intervalle de ces colonnes pendoient de longs feſtons & des guirlandes de fleurs, où étoient attachés de riches médaillons, repréſentant des morceaux choiſis de l'Hiſtoire des plus grands Héros d'Israël.

Dans le premier médaillon, on distinguoit le jeune *Joseph* que ses freres jaloux, vendoient à des marchands Ismaëlites, après l'avoir retiré de la cîterne; bientôt on le voyoit esclave dans la maison de Putiphar, défendant sa vertu contre les violences d'une maîtresse impudique.

Dans le médaillon suivant, on l'appercevoit dans les fers, interprêtant les songes de deux prisonniers. Puis sortant de prison par Ordre du Roi, & paroissant devant lui; *Joseph* donnoit à Pharaon la juste explication de ses songes, que ses Devins n'avoient pû trouver. Le Monarque d'Egypte, admirateur de la sagesse de ce jeune homme, le revêtoit des marques de la plus haute faveur, & le créoit ſon premier Miniſtre en lui mettant en main ſon Anneau, & ſon Sceau Royal.

Dans un troiſiéme médaillon, *Joſeph* donnoit audience à ſes freres, qui ne le connoiſſoient pas; on remarquoit ſur ſon viſage la violence qu'il ſe faiſoit pour les recevoir avec une apparente ſévérité, il les éprouvoit, les menaçoit; puis tout-à-coup cédant à ſa tendreſſe, il ſe découvroit à eux, leur montroit ce frere qu'ils avoient voulu perdre; ceux-ci proſternés à ſes pieds, verſoient des larmes de joye, de repentir, d'amour, de crainte & de reconnoiſſance. *Joſeph* les embraſſoit tour à tour, & les combloit d'autant de biens, qu'ils avoient voulu lui faire de mal.

Le quatriéme médaillon repréſentoit l'invincible *Gedeon*, digne ſucceſſeur de *Debora* en la conduite du peuple de Dieu, animé de ſon eſprit, détruiſant par ſon ordre l'Autel impie que Joas ſon pere, avoit élevé à Baal, & brûlant le bois que d'infâmes myſteres avoient conſacré; puis de la même main & au même endroit, il élevoit un Autel & offroit un ſacrifice ſolemnel au vrai Dieu. Un peu plus loin, on le voyoit demandant les ſignes de la Toiſon miraculeuſe qu'il obtint du Ciel, pour connoître ſi le commandement lui étoit deſtiné; on le voyoit enſuite choiſir par inſpiration ceux de ſes ſoldats, qui en paſſant ſur les bords du fleuve, prenoient de l'eau dans le creux de leur main, ſans ſe courber pour boire plus à leur aiſe. Il en compte trois cens, & avec cette élite, il remporte une victoire complette ſur les Rois de Madian, tyrans du peuple de Dieu, qu'il délivre.

Un autre médaillon retraçoit les exploits de *Samson*, heureux tant qu'il ſut ſage ; on le remarquoit au milieu d'une troupe de Philiſtins, auxquels ſes freres de la Tribu de Juda, l'avoient livré les bras liés derriere le dos. Lorſque les Philiſtins l'apperçurent dans cet état, ils pouſſerent mille cris de victoire ; mais au même inſtant l'eſprit de Dieu agiſſant ſur *Samſon*, il ſecoua fortement ſes bras & briſa ſes chaînes, avec autant de célérité que le feu de la foudre conſume un tronc d'arbre ſec. Puis s'armant d'une mâchoire d'âne, il en frappa mille Philiſtins, dont les corps reſterent étendus ſur le champ de bataille ; enſuite il paroiſſoit portant ſur ſes épaules les portes de la ville de *Gaza* [1], où

1 *Gaza.* Ville de la Paleſtine dans la

ſes ennemis croyoient le tenir enfermé. Puis, yvre d'une folle tendreſſe, on le voyoit dormir ſur les genoux d'une belle Philiſtine de *Sorec*, qui pour venger ſa nation, lui coupoit les *ſept cheveux* de ſa longue chevelure, dans laquelle il avoit imprudemment révélé que conſiſtoient les forces extraordinaires, dont Dieu l'avoit partagé. Enfin on l'appercevoit après l'infâme trahiſon de ſa *Dalila*, dégradé de ſa vertu, les yeux crevés, expoſé entre deux colonnes, pour ſervir de jouët à un peuple furieux, qui

---

Tribu de Simeon à deux lieues de la mer, & à vingt-deux de Jéruſalem; elle étoit autrefois une des cinq Sétrapies des Philiſtins. *Samſon* y fut mené priſonnier, & il en emporta un jour les portes ſur ſes épaules, & les laiſſa ſur une montagne qui en eſt éloignée d'un mille.

faisoit une fête solemnelle dans le temple de Dagon pour célébrer la défaite, & la captivité de ce redoutable chef d'Israël. Mais bientôt par les nouveaux efforts d'une vertu surnaturelle, on le voyoit ce *Samson*, embrassant, & secouant rudement les colonnes qui soûtenoient le Temple, triompher de la cruauté de ses ennemis, en faisant crouler sur eux, & sur lui le toît & les ruines de l'édifice sous lequel ils étoient assemblés. Victoire qui lui coûta la vie, mais qui la fit perdre à plus de Philistins, qu'il n'en avoit détruit durant le cours de ses prospérités.

Enfin le dernier médaillon représentoit le Juif *Mardochée* à la porte du palais du Roi de Perse, couvert de cendres & d'un cilice, & versant des larmes ameres. Dans l'intérieur du Palais, on apperçevoit la belle *Esther* tremblante, évanouie de crainte aux pieds du trône d'*Assuerus*, demandant grace pour sa nation, proscrite par l'ambitieux *Aman*. La disgrace de ce favori étoit marquée par la haute élévation de l'humble *Mardochée*, qui revêtu de la pourpre Royale, étoit conduit en triomphe dans la ville de Suse [1] par *Aman* même, que le Roi avoit forcé à subir cette humiliation. Ensuite dans l'éloignement, on découvroit ce Ministre vindicatif, pendu par ordre du

1 *Suse*. Ville de Perse, dont elle étoit anciennement la capitale, elle l'est encore aujourd'hui du *Chusistan*. Son nom moderne est *Souster*. Strabon rapporte qu'elle fut bâtie par Tithon pere de Memnon; à quoi *Pline* ajoûte que Darius la répara. Les Rois de Perse y alloient faire leur séjour pendant le printems : Alexandre y épousa Statira.

Monarque équitable, au même gibet qu'il avoit dressé pour *Mardochée.*

Telle étoit la gallerie où le Pharisien reçut son divin hôte, & ses compagnons. Lorsque les tables furent servies, & que chaque convive fut placé sur les lits [1] qui étoient rangés tout au tour, on entendit les accords de plusieurs instrumens. Quelques Lévites experts allierent leurs belles voix au son des harpes [2], des

---

1 *Sur les lits.* Les Orientaux & après eux les Romains, étoient à table couchés sur des lits rangés tout autour; on se mettoit d'ordinaire trois sur chaque lit; la place du milieu étoit la plus honorable, aussi-bien que le lit du milieu; celui du haut bout de la table après; & celui du bas bout le dernier.

2 *Au son des harpes.* Instrument dont les Hébreux se servoient & qu'ils appelloient *Cinor*, & les Latins *Cithara.*

psaltérions à dix cordes [1], & des

Quoique les Peintres représentent *David* avec une harpe, on ne peut trouver dans l'antiquité aucun mémoire qui prouve que la *harpe* de ce S. Roi soit semblable à la nôtre, qui est un instrument de figure presque triangulaire qu'on tient debout entre les jambes pour en jouer; elle est de trois parties, le corps qui fait le côté droit, est fait de huit pans de bois, sur lesquels la table est posée, qui a deux ouies ou ouvertures faites en forme de trefle, elle a soixante-dix-huit cordes en trois rangs. Il y en a vingt-neuf dans le premier rang, qui font quatre octaves; le deuxiéme rang fait les demi tons, & le troisiéme à l'unisson du premier rang, & cette harpe s'appelle *triple*. On la touche à vuide des deux mains, de la même façon, en les pinçant. Son accord est semblable à celui de l'épinette, car toutes les cordes vont de demi tons en demi tons, & il peut approcher plus près de la parfaite justesse que le *Luth*. Quelques-uns l'appellent une *Epinette renversée*.

1 *Psalterions à dix cordes.* Instru-

sistres [1]. D'abord ils chanterent la

---

ment de musique fort en usage chez les Hébreux qui l'appelloient *Nebel*. On ne sçait pas la forme précise du *Psaltérion*, mais celui de *David* étoit à dix cordes. Celui dont on use maintenant est un instrument plat qui a la figure d'un *Scrapese*, ou triangle tronqué par en haut, il est monté de treize rangs de cordes de fil de fer, ou de leton, accordées à l'unisson ou à l'octave, montées par deux chevalets qui sont sur les côtés; on le touche avec une petite verge de fer, ou un bâton recourbé, ce qui fait que quelques-uns le mettent au rang des instrumens de *percussion*. Son coffre est comme celui de l'épinette; *Papias* appelle *Psalterion* une espece d'orgue ou de flute dont on se sert à l'Église pour accompagner le chant, en Latin *Sambucum*. C'est une espece de cornet à Bouquin, ou de Serpent. *David* se plaisoit à jouer du Sistre & du Psalterion.

1 *Sistres*. Instrument qui a presque la figure du Luth, à cette différence près, qu'il a un manche plus long, di-

défaite de Satan, & de son armée impie; la création du monde, la naissance de l'homme, sortant des mains de Dieu; sa faveur auprès de lui; son mariage avec Eve; mais bientôt sur un ton triste & lamentable, ils rappellerent sa chûte & son péché; sa disgrace & son exil; sa servitude & celle de ses enfans; mais particulierement l'esclavage des enfans d'Israël. Ensuite passant aux pro-

---

visé en dix-huit touches. Il a quatre rangs de cordes, qui ont chacun trois cordes à l'unisson, à la réserve du deuxiéme rang qui n'en a que deux. Ses cordes sont ordinairement de leton, & se touchent avec un petit bout de plume, comme celles de la *Mandore*. Son chevalet est auprès de la rose, & les cordes sont attachées au bout de la table, à un endroit qu'on nomme *le peigne*. Ses touches sont de petites lames de leton fort déliées. Il y a des Sistres à six rangs de cordes.

messes du *Libérateur* qui devoit venir rompre leurs fers, deux Lévites dans un enthousiasme sacré, entonnent sur des accords poëtiques, les louanges de ce *Messie* futur, en ces termes.

» Que Dieu se leve, & ses en-» nemis seront dissipés[1] : que les » méchans soient anéantis de-» vant sa face comme la cire[2] » fond devant le feu, & comme » la fumée s'évanouit dans les » airs. Que les justes seuls assis » au Banquet sacré[3], célebrent » son avénement, & fassent écla-

1 *Seront dissipés.* Exurgat Deus & dissipentur inimici ejus. *Psal. 67. v. 1. & seq.*

2 *Comme la cire.* Sicut deficit fumus deficiant, sicut fluit cera à facie ignis, sic pereant peccatores à facie Dei. *Ibid.*

3 *Au Banquet sacré.* Et Justi epulentur, & exultent in conspectu Dei, & delectentur in lætitiâ. *Ibid.*

» ter leur joye en sa présence. O
» Israël, prépare-toi, il viendra
» bientôt ce juste ; il ne tardera
» pas ce *Libérateur* invincible ;
» son nom est *le Seigneur*, le *Roi*
» des *Rois* [1] & le *dominateur* des
» Nations. Voici les signes aus-
» quels il se fera reconnoître :
» au jour marqué pour sa venue,
» il abbaissera les Cieux [2] il des-

---

1 *Roi des Rois.* Beatus & solus potens, Rex Regum, & Dominus Dominantium. *1. Timoth. c. 6. 8. 15.*

2 *Il abbaisera les Cieux.* Dieu, selon le langage des Prophètes, ne se manifeste jamais aux hommes qu'enveloppé de nuées ; c'est pourquoi Dieu a dit, *Inclinavit Cælos & descendit & caligo sub pedibus ejus & posuit tenebras latibulum suum, in circuitu Tabernaculum ejus, tenebrosa aqua in nubibus aeris.*
„ Il abbaissa les Cieux, & il descendit ;
„ un nuage sombre étoit sous ses pieds ;
„ il se cacha dans les ténébres ; il fit sa
„ tente dans l'eau ténébreuse des nuées

» cendra assis sur des chérubins ; » il volera sur les aîles des vents ; » sous ses pieds, & autour de « lui, sera une nuë épaisse & té- » nébreuse ; il recevra des mains » de Dieu même l'Empire d'hon- » neur, & le *Diadême* de gloire [1] » pour protéger les justes, & il » les couvrira de son bras puis- » sant ; il recevra le *zèle* pour *ar- » mure* [2] ; il en armera tous ses

---

„ de l'air. " Il y a aussi un endroit vé- ritablement sublime dans le Prophète *Nahum*, qui dit que les nuages sont la poussiere des pieds de Dieu, *& nebulæ pulvis pedum ejus*. Nahum 1. 3.

1 *Le Diadême de gloire*. Accipiet Regnum decoris & Diadema speciei de manu Dei, quoniam dextera sua teget eos, & brachio suo defendet illos. *Sap. 5. 17.*

2 *Il recevra* le *zèle pour l'armure*. Accipiet armaturam zelus illius, & armabit creaturam ad ultionem inimicorum. *Ibid.*

» sujets, contre ses ennemis. Il
» vêtira la *justice* pour *cuirasse*,
» & pour *casque* le *jugement* sûr
» & infaillible [1]; il prendra *l'é-*
» *quité* pour *bouclier* [2] inexpugna-
» ble; il aiguisera sa colere com-
» me une lance; & l'Univers
» entier combattra avec lui con-
» tre les insensés. Au jour du
» combat, une colonne de feu
» le précédera, & dévorera ses
» ennemis [3]. Les éclairs qui par-
» tiront de ses mains, brilleront;

---

1 *Le jugement sûr & infaillible.* Induet pro thorace justitiam & accipiet pro galeâ judicium certum. *Ibid.*

2 *L'équité pour bouclier.* Sumet scutum inexpugnabile æquitatem, acuet autem iram duram lanceam, & pugnabit cum illo, orbis terrarum contra insensatos. *Ibid.*

3 *Dévorera ses ennemis.* Ignis ante ipsum præcedet, & inflammabit inimicos ejus. *Psalm.* 96.

» & ſes foudres étonneront la » nature [1]; les montagnes ſemblables à la cire molle [2], couleront devant lui, & abbaiſſeront leur hauteur; & toute la » terre pliera ſon orgueil devant » la face de ce conquérant terrible. Les adorateurs des Idoles » ſeront confondus [3], & les enfans d'Iſraël apprenant ſon arrivée, feront les ſeuls dans la » joye.

Deux autres Lévites répondant aux premiers ſur des accords plus doux, reprirent ainſi : » Mais

1 *Etonneront la Nature.* Illuxerunt fulgura ejus orbi terræ, vidit & commota eſt terra. *Ibid.*

2 *Semblable à la cire molle.* Montes ſicut cera fluxerunt à facie Domini, à facie Domini omnis terra. *Ibid.*

3 *Seront confondus.* Confundantur omnes qui adorant ſculptilia, & qui gloriantur in ſimulacris ſuis. *Ibid.*

» dès que ce Messie sera descen-
» du sur la terre, il viendra visi-
» ter sa chere Sion ; on y verra le
» Dieu des Dieux[1] monté sur son
» char, tiré par dix mille esprits cé-
» lestes[2], qui pousseront des cris
» de joye en volant dans les airs.
» Alors les Princes se mettront à
» la tête des Chœurs[3] de jeunes
» garçons & de jeunes filles, chan-
» tans des hymnes, & iront à sa
» rencontre ; le jeune *Benjamin*[4]

1 *Le Dieu des Dieux*. Videbitur Deus Deorum in Sion. *Psalm. 83. 9.*

2 *Tiré de dix mille Esprits célestes.* Currus Dei decem millibus, multiplex, Millia lætantium, Dominus in eis. *Psalm. 67.*

3 *A la tête des Chœurs.* Prevenerunt Principes conjuncti psallentibus ; in medio juvencularum tympanistriarum. *Ibid.*

4 *Le jeune Benjamin.* Tout ce Pseaume est allégorique à la venue de Jesus-Christ, à ses mysteres & à l'établisse-

» sera

» sera avec eux ravi en esprit. Les » Princes de *Juda*[1], de *Zabulon*[2],

---

ment de son Eglise. Car par *Benjamin* les SS. PP. entendent parler de *S. Paul* qui étoit de la Tribu de *Benjamin*. L'épithéte de *jeune* que le Psalmiste lui donne, signifie qu'il étoit le dernier des Apôtres dans l'ordre de la vocation, & qu'il fut joint aux célestes chœurs lorsqu'il fut ravi au troisiéme Ciel, de façon à ne sçavoir pas s'il avoit un corps. *Menoch. in Psalm. 67.*

1 *Les Princes de Juda.* Les SS. PP. entendent les Apôtres *Jacques*, *Simon* & *Jude* qui étoient de cette Tribu, & qui dans l'Evangile sont appellés *les freres du Seigneur*, à cause qu'ils étoient fils de *Cleophas*, frere de *S. Joseph*, Epoux de la Sainte Vierge. *Ibid.*

2 *Les Princes de Zabulon.* Par les Princes de *Zabulon* & de *Nephthali*, les SS. PP. entendent pareillement les autres Apôtres qui étoient de ces Tribus, tels que *Pierre*, *André*, *Jacques*, *Jean*, *Philippe*, *Mathieu*, & les autres, qui étoient de Bethzaïde, de Capharnaüm, & autres villes voisines qui se

» & ceux de *Nepthalie* seront leurs » conducteurs. Arrivé dans Sion, » il y dressera son trône immuable. Les oppresseurs des enfans » de Dieu, seront troublés en la » présence de ce pere des orphelins [1], & de ce juge des veuves. Il rassemblera les dispersions d'Israël [2], & le vengera » des usurpations des barbares. » Il dira, en étendant son scep-

---

trouvoient dans le partage des Tribus de *Zabulon*, & de *Nephthali*. Ils sont nommés les chefs de ceux qui vont au-devant du *Messie* en chantant des hymnes, parce qu'on ne peut aller à Jesus-Christ que par la prédication apostolique. *Menoch. in Psalm. 67.*

1 *Ce pere des Orphelins.* Turbabuntur à facie ejus patris Orphanorum, & judicis viduarum. *Psalm. 67.*

2 *Dispersions d'Israël.* Edificans Jerusalem Dominus, dispersiones Israëlis congregabit. *Psalm. 146.*

» tre, *la victoire est à moi pour*
» *toujours. Je partagerai à mon gré*
» *les Provinces de l'infidéle Samarie*[1]. *Je mesurerai la vallée où*
» *les Arabes*[2] *dressent leurs tentes.*
» *Galaad*[3] *m'appartient, & Manassés est mon héritage. Ephraïm*[4]
» *sera le centre de ma puissance;*

---

1 *L'infidéle Samarie.* Partibor Sichimam : Samariam intelligit in quâ fuit *Sichima* vel *Sichem*; eam dividam, numerabo urbes, oppida, Pagos, constituam in eis Judices & Magistratus. *Menoch. in Psalm. 59.*

2 *La Vallée où les Arabes.* Canvallem Tabernaculorum metibor. Intelligit *Arabes* qui in Tabernaculis habitabant, in deserta loca cùm gregibus suis errantes. *Ibid.*

3 *Galaad.* Pays que la Tribu de *Manassés* occupoit au-delà du Jourdain.

4 *Ephraïm.* Tribu qui habitoit en-deçà du Jourdain. C'est cette Tribu qui fournissoit les plus vaillans soldats & en plus grand nombre. *Psalm. 55.*

» *Juda sera ma Royauté* [1], *& Sion*
» *mon sanctuaire* [2] ; *Moab sera*
» *l'objet de mes prétentions* [3] *& de*
» *mes conquêtes : l'Idumée me verra,*
» *& recevra mes loix* [4], *tous les Peu-*

---

1 *Juda ma Royauté.* Conformément à la Prophétie de Jacob. *Juda tes freres te loueront & t'adoreront.* C'est-à-dire, dans le *Messie* qui naîtra de la Tribu de Juda. *Genes.* 49.

2 *Sion mon sanctuaire.* La montagne de Sion sur laquelle Salomon bâtit le Temple. La tradition porte que le Cénacle où les Apôtres étoient assemblés en oraison, lorsque le S. Esprit descendit sur eux en langue de feu, étoit sur cette montagne, qui avoit plus d'un quart de lieuë d'étendue en forme de croissant.

3 *Moab l'objet de mes prétentions.* Les Moabites devoient être subjugués par les Hébreux.

4 *Mes loix.* L'Idumée devoit être pareillement conquise sur les enfans d'*Esaü*, par les enfans de *Jacob.*

» *ples Etrangers me seront soumis* [1].
» O Dieu, s'écria un Lévite » inspiré, ô Dieu, donnez donc » votre jugement au Roi [2], & » votre équité au fils du Roi ! » Que la paix & la justice ré- » gnent sur les montagnes, & » sur les collines [3] : N'en doutons » pas, répondit un autre Lévite, » au jour glorieux de son régne, » il descendra comme une dou- » ce rosée sur la toison [4], la [5] justi-

---

1 *Seront soumis*. La conquête de toutes les Nations soumises au regne du *Messie*, promise à ce *Libérateur*. *Omnes gentes servient ei. Psam. 71.*

2 *Votre jugement au Roi*. Deus judicium tuum Regi da, & justitiam tuam Filio Regis. *Psalm. Ibid.*

3 *Sur les montagnes & sur les collines*. Suscipiant montes pacem, & colles justitiam. *Ibid.*

4 *Sur la toison*. Descendet sicut pluvia in vellus. *Ibid.*

5 *La Justice & la paix*. Justitia & Pax osculatæ sunt. *Psalm. 84.*

» & la paix s'embrasseront mu-
» tuellement , & donneront la
» main à l'abondance [1], qui sor-
» tira de la terre comme le Soleil
» levant. Il jugera les pauvres du
» peuple [2]; il les rachetera des
» usures & des injustices des mé-
» chans ; il humiliera le calom-
» niateur ; & leur nom sera en
» honneur devant sa face. Il ré-
» gnera aussi long-tems que le
» Soleil [3] & la Lune luiront au
» Firmament ; il dominera de

---

1 *La main à l'abondance.* Orietur in diebus ejus abundantia pacis. *Psalm. 71.*

2 *Les pauvres du peuple.* Judicabit pauperes populi, & ex usuris iniquitate redimet animas eorum. Humiliabit calomniatorem, & honorabile nomen eorum coram illo. *Ibid.*

3 *Que le Soleil.* Permanebit cùm Sole & ante Lunam, in generationem & generationem. *Psalm. 71.*

» l'Océan à l'Océan [1] ; les limi-
» tes de ſon Empire ſeront celles
» de ſa puiſſance, qui n'aura point
» de bornes : les noirs Ethiopiens
» tomberont [2] à ſes pieds ; & ſes
» ennemis baiſeront humble-
» ment la terre que ſes pas auront
» foulée. Les Rois de Tharſe [3] &
» des Iſles de l'Orient, viendront
» par des préſens le reconnoître,
» & implorer la protection de
» ſon bras. Les Monarques qui
» régnent dans Saba [4] s'avoue-
» ront tributaires de ſon trône ;

---

1 *De l'Océan à l'Océan.* Dominabitur à mari uſque ad mare, & à flumine uſque ad terminos orbis terrarum. *Ibid.*

2 *Les Ethiopiens tomberont.* Coram illo procident Æthiopes, & inimici ejus terram lingent. *Ibid.*

3 *Les Rois de Tharſe.* Reges Tharſis & inſulæ munera offerent. *Ibid.*

4 *Regnent dans Saba.* Reges Arabum, & Saba dona adducent. *Ibid.*

» & l'or de l'Arabie [1] lui sera por» té en tribut. Il vivra éternelle» ment ; on l'adorera toujours ; » sans cesse on bénira son Empi» re, qui rendra la terre sembla» ble au Firmament [2], en éle» vant le tabernacle de Sion, au» dessus de l'orgueil du Liban ; » tous les peuples de la terre se» ront bénis en lui [3]. Les Rois se» ront les nourriciers [4], & les

1 *L'or de l'Arabie.* Et vivet, & dabitur ei de auro Arabiæ, adorabunt de ipso semper, totâ die benedicent ei. *Ibid.*

2 *Semblable au Firmament.* Et erit Firmamentum in terrâ, in summis montium, superextolletur super Libanum fructus ejus. *Ibid.*

3 *Seront bénies en lui.* In ipso benedicentur omnes Tribus terræ, & omnes gentes magnificabunt eum. *Ibid.*

1. *Les Rois seront les nourriciers.* Et erunt Reges nutritii tui, & Reginæ nutrices tuæ. Vultu in terram demisso,

» Reines seront les nourrices de
» ses enfans. Chacun de ses su-
» jets semblable à un grand Roi,
» aura en partage un empire for-
» mé de dépouilles des Nations
» vaincues, & subjugées ; il y
» régnera pendant mille ans [1]

adorabunt te, & pulverem pedum tuorum lingent. *Isaï.* 49.

1 *Pendant mille ans. Pappias* très-ancien Auteur, mais d'un très-petit esprit, ayant pris trop grossiérement certains discours des Apôtres que leurs disciples lui avoient rapportés, introduisit ce regne de Jesus-Christ durant mille ans, dans une terrestre Jérusalem magnifiquement rebâtie, où la gloire de Dieu éclateroit d'une maniere admirable ; où Jesus-Christ regneroit visiblement avec ses Martyrs ressuscités, & où à la fin néanmoins les Saints seroient attaqués, & leurs ennemis consumés par le feu. Après quoi se feroit la résurrection générale, & le Jugement dernier. Cette opinion disparut à la grande lumiere du quatriéme siécle en

» dans la paix & dans l'abon-
» dance, & l'on n'entendra par-
» tout que ces acclamations ;
» béni soit le Dieu d'Israël [1] qui
» fait seul tant de merveilles ;
» béni soit son nom à jamais :
» sa majesté a rempli toute la
» terre.

C'est ainsi que les Chœurs des Lévites chanterent le futur *Messie* ; mais pendant que leurs voix éclatantes & harmonieuses, l'annonçoient sous les idées mystiques des Prophéties, les Princes des Prêtres, & les Pharisiens accoutumés à donner aux Oracles

---

sorte qu'on n'en voit plus aucun vestige. *Boss. in Apoc. c.* 20.

1 *Béni soit le Dieu d'Israel.* Benedictus Dominus Deus Israel, qui facit mirabilia solus, & benedictum nomen majestatis ejus in æternum ; & replebitur majestate ejus omnis terra. *Psam.* 71.

ſacrés un ſens littéral & terreſtre, conforme à leur orgueil, fixoient leurs regards ironiques ſur l'homme-Dieu, comme pour inſulter à ſa baſſeſſe, & lui reprocher tacitement de vouloir paſſer pour le *Meſſie*, ſans avoir aucun des caracteres de gloire & de puiſſance auſquels on le reconnoîtra. Telle étoit l'obſervation perverſe de cette cabale aveuglée par l'envie; mais l'homme-Dieu qui liſoit la malignité de leurs penſées, les mépriſoit, & gardoit humblement le ſilence, lorſque la Magdeleine entra dans la ſalle du feſtin : dès que cette *belle pénitente* parut, toute l'aſſemblée tourna les yeux ſur elle : ce n'étoit plus cette pompe, cet orgueil qui précédoit autrefois ſes pas, ni ce faſte qui l'accompagnoit par-tout. Les parures mondaines, & les ornemens profanes, ne relevoient plus l'éclat de son beau visage : l'air de dignité répandu sur toute sa personne , n'empruntoit plus le secours de l'art pour la rendre plus majestueuse ; qu'elle étoit belle sans artifice ! Elle avoit pour tout vêtement une robe simple & modeste , négligemment traînante , sur laquelle on voyoit couler les larmes vives , que le repentir sincere arrachoit de ses yeux. Ses longs cheveux épars , flottans sur ses épaules , se rabbattoient derriere son dos , & couvroient entierement la hauteur de sa taille. Telle la couleuvre orgueilleuse [1] , dédai-

1 La Couleuvre. *Pline le Naturaliste* fait une élégante description de la maniere dont les Serpens muënt au Printems. Pendant l'Hyver , dit-il , une membrane épaisse s'est formée sur leur corps , ils la dépouillent au Printems , en passant à travers des buissons ; c'est

gnant les rides de la vieilleſſe, paſſe avec effort par des buiſſons hériſſés & touffus, & y dépouille ſa peau antique, pour reparoître ſous l'éclat d'une jeuneſſe renouvellée. Telle Magdeleine : la pudeur coloroit ſes jouës de la rougeur d'un modeſte incarnat ; elle portoit en ſa main un vaſe d'albâtre ; elle s'avance, ſeule, d'un pas timide & tremblant ; le repentir & l'amour divin lui ſervent de guide [1]. Dès

du ſuc de fénouil qu'ils ſe ſervent pour s'aider à ſe décharger du fardeau de leur vieille peau. *Plin. l. 8.*

1 *Le repentir & l'amour divin lui ſervent de guide.* Quid ergo miramur, fratres ? Mariam venientem, ad Dominum ſuſcipientem dicam, an trahentem ? Sed melius trahentem dicam, & ſuſcipientem : quia nimirum ipſe eam per miſericordiam traxit intus, qui per manſuetudinem, ſuſcepit foris. *S. Greg. Pap. Hom. 33. in Evangel.*

qu'elle fut devant le Dieu homme, se prosternant à ses pieds [1], elle ne lui parle que par ses larmes, ses soupirs, & ses sanglots [2].

---

1 *Se prosternant à ses pieds.* Accessit ergo non ad caput Domini, sed ad pedes. Et quæ diu male ambulaverat; vestigia recta quærebat; priùs fudit lacrymas cordis, & lavit pedes Domini obsequio confessionis; capillis suis tersit, osculata est, unxit : tacita loquebatur, non sermonem promebat, sed devotionem ostendebat. Quia ergo tetigit Dominum rigando, osculando, tergendo, ungendo pedes ejus : Pharisæus qui invitaverat Dominum Jesum Christum, quia ex illo genere erat hominum superborum, de quibus Isaïas Propheta dicit, qui dicunt, *recede à me, noli me tangere quoniam mundus sum :* putavit Dominum nescisse mulierem. *S. Aug. lib. 50. Hom. 23.*

1 *Et ses sanglots.* Cujus enim vel saxeum pectus illæ hujus peccatricis lacrymæ ad exemplum pœnitendi non emolliant? Consideravit namque quid fecit, & noluit moderari quid faceret. Super

Elle brise généreusement le pot d'albâtre, & fait couler sur les pieds[1] de son vainqueur, le nard[2]

convivantes ingressa est, non jussa venit, inter epulas lacrymas obtulit. Discite quo dolore ardet, quæ flere & inter epulas non erubescit. *S. Greg. Pap. Hom. 33. in Evang.*

1 *Fait couler sur les pieds*. J. C. étoit couché à table tête nue, & pieds nuds, comme c'étoit la coutume. Quand à celle de répandre des parfums sur la tête des conviés, elle est connue de toute l'antiquité. Les Hébreux mettoient l'usage des huiles de senteur, parmi les plus grandes délices : les Grecs & les Romains avoient le même usage. *Calm. Hist. de la Vie de J. C.*

1 *Nard*. C'est une plante qui croît dans les Indes. Sa racine est grosse, mais courte & noire : ses feuilles petites & épaisses finissent par le bout en petites pointes comme des épics, c'est pourquoi l'Evangéliste dit, *Unguenti nardi spicati pretiosi*; on en tiroit effectivement une essence très-précieuse, & d'u-

précieux dont l'odeur ſuave ſe repand [1] en un inſtant, & parfume toute la maiſon; puis de ſes larmes qui coulent avec abondance, elle arroſe les pieds du divin Héros, & les eſſuye tour à tour avec les treſſes de ſes blonds cheveux, & les baiſe enſuite avec de ſaints tranſports. Conſtamment humiliée à ſes genoux, ſemblable à Jacob qui ne voulut point ſe ſéparer de l'Ange du Sei-

---

ne odeur très-agréable. Les Marchands d'Europe l'achetoient en Syrie.

1 *L'odeur ſuave ſe répand.* Domus autem impleta eſt odore : mundus impletus eſt fama bona ; nam odor bonus, fama bona eſt. Qui male vivunt & Chriſtiani vocantur, injuriam Chriſto faciunt, de quibus dictum eſt quod *per eos nomen Dei blaſphematur.* Si per tales nomen Dei blaſphematur, per bonos nomen Dei laudatur audi Apoſtolum, *Chriſti bonus odor ſum*, *inquit*, *in omni loco*, S. Auguſt. tract. 50. in Joan.

gneur, contre lequel il avoit lutté toute la nuit, sans en être béni [1]; Magdeleine ne quitte point les genoux de Jesus, qu'elle n'ait obtenu cette bénediction qui doit laver ses iniquités. Elle gémit; elle sanglotte; elle n'ose lever les yeux sur son Juge: elle n'employe d'autres expressions, & d'autre éloquence, que ses soupirs & ses pleurs pour solliciter le pardon de ses égaremens. Les convives étonnés, se regardent, & se disent mutuellement; » si cet homme étoit véritablement Prophète, il sçauroit bientôt que cette femme qui est à ses pieds, est une pécheresse publique; « ensuite ils réunissent tous leurs regards sur

1 *Sans en être béni.* Tenui eum nec dimittam. *Cant. Cant.* Non dimittam te nisi benedixeris me. *Genes.* 32. 26.

l'homme Dieu, qui lisant dans le fond de leurs cœurs, rompt le premier le silence en ces termes.

» O Simon [1], & vous tous » qui êtes ici présens, je ne vous » excepte pas même, ô vous mes » chers compagnons, qui pa- » roissez indignés [2] de la pieuse

---

O Simon. O Pharisæe invitator, & irrisor Domini, Dominum pascis, & à quo pascendus sis, non intelligis? Unde scis Dominum nescisse quæ fuerit illa mulier, nisi quia permissa est accedere, nisi quia illo patiente osculata est pedes ejus; nisi quia tersit, nisi quia unxit. Hæc enim non debuit permitti facere in pedibus mundis, mulier immunda. Ad illius ergo Pharisæi pedes, si talis mulier accessisset dicturus erat, quod Isaïas de talibus dicit, *recede à me, noli me tangere: quoniam mundus sum.* Accessit autem ad Dominum immunda, ut rediret munda; accessit ægra ut rediret sana; accessit confessa ut rediret professa. *S. Aug. lib. 50. Hom. 23.*

2 Paroissez indignés. *Erant autem*

» liberté de cette femme. Consi-
» dérez-la bien ; l'amour fit ses
» malheurs [1], l'amour fera sa

---

quidam indigne ferentes intra semetipsos, & dicentes, ut quid perditio ista unguenti facta est. Math. 26. *Marc.* 14. Ce passage où l'indignation des Disciples contre la profusion de Magdeleine est marquée si expressément, ne peut être entendu que de *Judas* selon la figure *Sillepsis* : & cela se prouve par *S. Jean*, qui ayant écrit long tems après *S. Mathieu*, *S. Marc* & *S. Luc*, & voulant expliquer ce que *S. Mathieu* & *S. Marc* ont dit en général, restraint leur expression à *Judas* seul en ces termes. *Dixit autem unus ex Discipulis ejus Judas Iscariotes.* Joan. 12. c. 4.

1 *L'amour fit ses malheurs.* Nous ne sommes coupables devant Dieu, que lorsque nous aimons ce que nous ne devons pas aimer ; & notre péché ne vient, que des desirs injustes que nous formons vers d'autres objets, que vers notre Dieu. Nous sommes justes, si notre amour est bien reglé ; nous sommes pécheurs, si notre amour est déréglé ; &

» gloire [1]; si elle brûla d'un feu pro-
» fane, l'amour sacré qui l'enflam-
» me présentement, l'a toute puri-
» fiée; son cœur n'est point chan-
» gé, l'objet seul l'est pour elle.
» C'est pourquoi elle sera sur-
» nommée l'*Héroïne de la grace &*
» *de l'amour divin*; aussi je vous le
» dis en vérité, par-tout où l'his-
» toire de ma vie parviendra, on
» parlera avec éloge de ce que
» cette femme a fait pour moi.
» Sa générosité sera l'admira-

---

c'est sur cet amour que nous devons mesurer nos vices comme nos vertus. *Massillon, Serm. de la Magdeleine.*

1 *L'amour sera sa gloire.* L'amour est le principe, & la matiere de la pénitence; & la douleur qui n'aime point, est presque toujours un empressement qui rebute, ou un amour propre qui souleve le pécheur, dit *S. Augustin*, lui qui doit sa conversion à la force de son amour. *Massill. Serm. de la Magd.*

» tion, & l'entretien de toutes » les Nations; car elle a embau- » mé mon corps [1] pour être mis » en sépulture. « A ces mots étendant la main, la même qui avoit formé l'homme du limon de la terre, qui avoit dissipé l'orage, & chassé les Démons; *femme*, dit Jesus à Magdeleine, qui venoit de lever les yeux sur lui, tremblante d'amour & de crainte dans l'attente de son jugement, *femme, retirez-vous en paix, vos péchés vous sont pardonnés* [2]. le Fils

---

1 *Embaumé mon corps*. Sinite eam, quid illi molesti estis ? Prævenit ungere corpus meum ad sepulturam. *Marc. 14.*

2 *Pardonnés*. N'omettons pas une des marques de la venue du *Messie*, & peut-être la principale, si nous la sçavons bien entendre, quoiqu'elle fasse le scandale & l'horreur des Juifs; c'est la rémission des péchés, annoncée au nom d'un Sauveur souffrant, d'un Sauveur humilié &

de l'Eternel avoit à peine prononcé cet arrêt de miséricorde, qu'un murmure sourd annonça le tumulte, le scandale & l'indi-

---

obéissant jusqu'à la mort. *Daniel* avoit marqué parmi ses semaines, la semaine mystérieuse, où le *Christ* devoit être immolé, où l'alliance devoit être confirmée par sa mort, où les anciens sacrifices devoient perdre leur vertu. Joignons *Daniel* avec *Isaïe*, nous trouverons l'homme de douleur qui est chargé des iniquités de tout le peuple, qui donne sa vie pour le péché, & le guérit par ses playes; ouvrez les yeux incrédules? N'est-il pas vrai que la remission des péchés ne vous a été prêchée qu'au nom de J. C. crucifié? S'étoit-on avisé d'un tel mystere? Quelqu'autre que J. C. ou devant, ou après, s'étoit-il glorifié de laver les péchés par son sang? Se sera-t'il fait crucifier exprès pour acquerir un vain honneur, & accomplir même une si funeste prophétie? Il faut se taire, ou adorer dans l'Evangile une doctrine qui ne pourroit pas même venir dans la pensée d'aucun homme, si elle n'étoit

gnation des convives : tel un vent soufflant des côtes brûlantes de l'Afrique, pousse, agite, éleve les flots, en forme des vagues écumantes, qui font craindre une tempête au sage Nautonnier qui regrette le port : ainsi éclattent les murmures des Pharisiens : » qui est donc celui qui ose pro-» férer des blasphêmes, qui usur-» pe les droits de la divinité, qui » se fait le dispensateur de ses » graces, & l'organe de ses ora-» cles ? Qui peut remettre les pé-» chés [1] si ce n'est Dieu seul ? «

---

véritable. *Boss. Disc. sur l'Hist. Univ.*

[1] Remettre les péchés. *Cùm Judæi asserunt, peccata à solo Deo posse concedi, Deum utique eum confitentur, suorumque judicio perfidiam suam produnt, qui opus astruunt ut personam negent. S. Ambr. l. 5. in Luc. c. 5.* Jesus-Christ, pour prouver la puissance qu'il a de remettre les péchés, & de guérir la para-

Alors avec des regards d'indignation, on se leve précipitamment; les tables sont renversées avec scandale; les Pontifes frémissent de courroux & de faux zèle; tous s'éloignent de *Jesus*; ses compagnons même hésitent s'ils l'approcheront; quelques-uns murmurent tout bas; *Iscariot* sort, en disant, à quoi bon cette profusion? Une essence si précieuse, eût pû être vendue trois cens deniers au profit des pauvres? Bientôt Jesus se trouve presque seul; & le Pharisien qui auroit dû faire les honneurs de sa maison, ne paroît plus, & semble l'éviter.

Cependant le noir Monarque des Enfers, consterné par la victoire qui lui a enlevé le cœur d'une illustre pécheresse, venoit de

---

lysie spirituelle, fait un miracle visible qui guérit la paralysie corporelle en un instant.

reprendre

reprendre ſon ancienne audace, & ſes téméraires projets, dans un nouveau conſeil de ſes Démons ſur le Liban. Compagnons, leur diſoit-il, car enfin un même péril nous égale ; Princes infortunés, banniſſez loin de vous la crainte qui ſe lit ſur vos fronts ; il eſt vrai, l'Enfer vient de perdre *Magdeleine*, malgré les efforts des ſepts Démons qui la captivoient : mais, quelle perte après tout ! Laiſſons notre adverſaire s'applaudir de la conquête d'une femme ; nos reſſources ſont auſſi inépuiſables que notre malice ; oui, je m'en glorifie [1], je ſuis puiſſant & le plus puiſſant de tous en iniquité. Et déja voici le nouveau plan de diverſion que je forme. Il faut ſuſciter à notre en-

---

2 *Je m'en glorifie.* Quid gloriaris in malitiâ qui potens es iniquitate ? *Pſalm.* 51.

nemi un rival capable de l'obscurcir & même de l'accabler ; & il faut éblouir ce rival, par un titre nouveau, qui le mette nécessairement en opposition avec notre adversaire. De deux *Messies* qui se donneront pour tel, le peuple & la Synagogue reconnoîtront sans peine celui dont la grandeur extérieure, est un des principaux caractéres qui doivent l'annoncer. Herodes qui régne en Galilée, est le seul qui puisse servir à mon projet. Mais il est question de lui préparer les voyes : il faut lui former un parti puissant ; & je prétens y réussir en réunissant les sectes dont je divisai autrefois la Religion des Fanatiques Hébreux. Les *Pharisiens* [1] font la premiere secte ;

---

1 *Pharisiens*. Secte qui prit sa naissance chez les Juifs après le retour de

hommes orgueilleux & ſuperbes,

---

la captivité ſous *Eſdras*, ſelon le *Jéſuite Serrarius*; & ſelon *Maldonat* peu de tems avant Jeſus-Chriſt; quoique le premier ſentiment paroiſſe plus vraiſemblable que le dernier, à cauſe que les Juifs ont commencé à avoir des Interprêtes de leurs traditions après le rétabliſſement du ſecond Temple; on croit néanmoins avec plus de probabilité, que c'eſt au tems des *Macchabées*, qu'il faut rapporter l'origine du Phariſaïſme; car tout ce grand nombre de traditions, qui ſont dans leur *Talmud*, ne vient que des Phariſiens. *Joſephe* qui parle avec éloge de leurs dogmes, parce qu'il étoit lui-même de leur ſecte, dit, „ qu'ils attribuoient toutes choſes au „ Deſtin & à Dieu, enſorte néanmoins „ qu'ils ne privoient pas l'homme de ſa „ liberté. " Ce que *Sixte de Sienne Biblioſ. 1. l. 2.* explique de cette maniere. " Les Phariſiens croyoient que toutes „ choſes ſe faiſoient par le *Deſtin*, c'eſt-„ à-dire, par la préſcience de Dieu, & „ par ſon Décret immuable; la volonté „ de l'homme demeurant cependant

assez semblables aux *Stoïciens* ; mais *Pytagoriciens*, ils donnent tout au destin & admettent une ridicule Métempsycose[1]. Les *Sa-*

„ toujours libre ; ils reconnoissoient „ l'immortalité de l'ame, & une vie „ après celle-ci ; mais ils admettoient en „ même tems une espece de métemp- „ sycose ou transmigration des ames." La secte des Pharisiens est aujourd'hui la dominante chez les Juifs.

1 *Métempsycose.* Opinion que *Pytagore* avoit puisée chez les anciens *Brachmanes*, & qui dure encore dans la Chine, & dans toutes les Indes Orientales. Ils croyent qu'à la mort des hommes, leurs ames passent dans d'autres corps ; & que si elles ont été vicieuses, elles sont enfermées dans des corps de bêtes immondes, ou malheureuses, pour y faire pénitence, & qu'après quelques siécles elles viennent animer d'autres corps. *Lucain* qui appelle ce systême, *un officieux mensonge qui épargne les frayeurs de la mort*, le décrit ainsi dans sa Pharsale, traduction de Breboeuf.

ducéens [1] Auteurs de la ſeconde

Ils penſent que des corps les ombres diviſées
Ne vont pas s'enfermer dans les Champs Eliſées,
Et ne connoiſſent point ces lieux infortunés,
Qu'à d'éternelles nuits le Ciel a condamnés.
De ſon corps languiſſant une ame ſéparée,
En reprend un nouveau dans une autre contrée
Elle change de vie au lieu de la laiſſer,
Et ne finit ſes jours que pour les commencer.

1 *Saducéens*. Anciens hérétiques Juifs qui étoient plûtôt des Athées & des Epicuriens, que de véritables Juifs. Pluſieurs font Auteur de cette ſecte un certain *Sadoc* diſciple d'*Antigonus Sachæus* Samaritain, qui diſoit ſouvent à ſes écoliers, qu'il falloit ſervir Dieu pour lui-même, & non point dans la vue de recevoir la récompenſe en l'autre monde, comme les eſclaves ſervent leurs maîtres dans la ſeule vue du ſalaire. *Sadoc* donnant une interprétation fauſſe aux paroles d'*Antigonus*, publia qu'il n'y avoit point de récompenſe à attendre des bonnes actions qu'on faiſoit en ce monde, ce qui fit naître la ſecte appellée *Saducéene*. On lit *au chap. 23. des Act. des Apôtres*,

secte ; esprits forts & farouches, combattent ces extravagances, par des visions encore plus folles ; vrais *Epicuriens*, ils nient la Providence [1], la résurrection des

---

que les Saducéens disent qu'il n'y a ni Résurrection, ni Ange, ni Esprit ; mais que les Pharisiens croyent l'un & l'autre, ce mot *l'un & l'autre* semble insinuer qu'*Esprit* & *Ange* ne soient pas une même chose ; mais comme les Apôtres, dit *Œcumenius*, ne se servent pas toujours de termes exacts, on peut entendre par *esprits*, toute substance spirituelle, comme si les Saducéens avoient crû que Dieu même fût un corps. Il y a néanmoins de l'apparence, qu'ils ont seulement entendu par ce mot l'*immortalité de l'ame* ; parce que les Saducéens croyoient que l'ame mouroit avec le corps, ne reconnoissant rien d'immortel dans l'homme.

1 *Nient la providence.* Il est aussi marqué dans les Evangélistes, que les *Saducéens* nioient la résurrection des corps, & ainsi ils ne reconnoissoient point d'au-

corps, & l'immortalité de l'ame dans une vie future. C'est moi qui leur inspirai ces belles opinions. Les Pharisiens sont plus considérables par le nombre ; les Saducéens ne le sont que par la qualité [1] ; car les grands sont gloi-

---

tre félicité que celle dont on jouissoit en cette vie, croyant que tout ce que l'on disoit de l'autre monde, avoit été inventé par les Pharisiens. C'est pourquoi ils nioient aussi la providence de Dieu, attribuant toutes choses au libre arbitre; en quoi ils combattoient la doctrine des Pharisiens, qui admettoient une espece de destin, ou fatalité dans toutes nos actions.

1 *Par la qualité.* Ceux de cette secte (Saducéens) sont en petit nombre; mais elle est composée de personnes de la plus grande condition. Rien ne se fait presque par leur avis, à cause que lorsqu'ils sont élevés contre leur desir, aux charges & aux honneurs, ils sont contraints de se conformer à la conduite des Pharisiens, parce que le

re d'être de cette secte ; les uns & les autres se méprisent réciproquement, & méprisent aussi le prétendu Messie ; ils sont même irrités contre lui, parce que sa morale les décrie tous également, & décrédite leurs opinions absurdes. Je ne dis rien des *Esséniens* [1] qui forment la troisiéme

peuple ne souffriroit pas qu'ils y résistassent. *Joseph. anti Jud. l. 18. c. 3.*

1 *Esséniens.* Ce sont, *dit Josephe*, des hommes sages qui soutiennent qu'il n'y a qu'un seul Dieu qu'on doive reconnoître pour Seigneur & pour Roi ; ils s'abandonnent entierement à la providence, ils croyent l'immortalité de l'ame. Leur vertu est admirable : leur patience & le mépris qu'ils font de la douleur, sont inexprimables ; ils ont un amour si ardent pour la liberté, qu'il n'y a point de tourmens qu'ils ne souffrissent, plûtôt que de donner à quelqu'homme que ce soit, le nom de *Seigneur* & de *Maître*. Leurs mœurs sont

secte ; ce sont des imbéciles, faux

---

irreprochables, & leur unique occupation est de cultiver la terre ; ils possédent leurs biens en commun, sans que les riches y ayent plus de part que les pauvres ; leur nombre est de 4000. ils n'ont ni *femmes* ni *serviteurs*, parce qu'ils sont persuadés que les *femmes* ne contribuent pas au repos de la vie ; & qu'à l'égard des *serviteurs*, c'est offenser la nature qui rend tous les hommes égaux, que de vouloir se les assujettir ; mais ils se servent les uns les autres, & choisissent des gens de bien de l'ordre des Sacrificateurs, qui reçoivent tout ce qu'ils recueillent de leur travail, & prenent soin de les nourrir tous. Ainsi en parle *Josephe, Antiq. Jud. l. 18. c. 2.* où il ne marque qu'une espece d'*Esseniens* ; mais *Philon* les distingue en deux classes. La premiere de ceux qui se marioient ; & la deuxiéme de ceux qui vivoient dans le *Célibat*. Les premiers vivoient en commun ; & les seconds menoient une vie purement contemplative, habitant les solitudes, éloignés de tout commerce du monde, re-

ſpirituels, eſprits rampans, incapables de s'élever aux grandes choſes; ils forment un corps ſans chef, dont les membres n'ont aucune liaiſon entre eux. Ainſi quoique le prétendu *Meſſie*, ſoit de cette derniere ſecte, je n'ai point à craindre qu'elle agiſſe en ſa faveur : il n'eſt donc plus queſtion que du *Phariſien* & du *Saducéen*, quoiqu'ennemis irréconciliables, il ne me ſera pas difficile de les réunir; que ne peuvent l'envie & l'intérêt ? Le projet eſt véritablement digne de moi. Ces ſectes une fois réunies

---

tirés dans leurs cellules, imitant en tout la vie religieuſe des Chrétiens, & des Moines dont ils ont été les premiers modéles, ſelon quelques Ecrivains Catholiques. *Voyez Philon dans ſon livre de la vie contemplative, Euſebe, Scaliger, Serrarius, &c.*

par les motifs d'une même vengeance, je la dirigerai invisiblement, & je me flatte de la pousser au point de faire succomber notre ennemi, & même de l'accabler par leurs mains ; tout autre soin doit céder à cet objet; hâtons-nous donc de voler à l'exécution ; & tandis qu'une partie des esprits infernaux, est occupée à relever nos Oracles abbatus, & à rétablir les enchantemens & la magie [1]

1 *Enchantemens & la magie.* La Magie, la *Theurgie*, les sortileges, & toutes les sortes de divinations par les serpens, par les feuillages & autres prétendus moyens avec tous les enchantemens, ont eu la même origine que l'idolâtrie, & n'avoient pas plus de réalité. Dès que la cupidité & l'ignorance eurent pris la figure de l'ancienne instruction pour des Etres puissans, & les formules de chant qui les accompagnoient, pour des moyens d'obtenir tout ce qu'on vouloit; l'esprit de l'hom-

dans tout le monde pour réparer le silence de nos Oracles, nous, Démons, genies, noirs instigateurs des forfaits & des crimes, courons les inspirer; suivez-moi. Inondons la Capitale de la Judée, & fascinons tous les esprits pour les amener à nos fins.

---

me n'ayant plus de regle, sa dévotion devint aussi terrestre que ses desirs, & se porta pour les satisfaire à toutes les pratiques absurdes qui découloient de la premiere méprise; toutes les parties de l'univers étant devenues autant de petites Divinités bien ou malfaisantes, & de Génies dont le moindre talent étoit de prophétiser, on ne laissa pas ces puissances oisives; & en leur adressant les offrandes, les victimes & l'encens, on y joignit les anciennes formules de chant, & de prieres qui n'étoient plus entendues, ce qui donna lieu aux visions des enchantemens, & aux prétentions de la magie. *Spect. de la Nat. tom. 8. Démonstr. Evang. pag. 25. 26.*

Ainſi parla Satan à ſon Conſeil, qui applaudit unanimement ; mais bientôt, ſans s'arrêter à de vains éloges, ce Prince des Démons, diſparoît avec eux au milieu des airs. Telle l'obſcure nuée qui couvrit l'Egypte ; ou telle la multitude de grenouilles, & de ſauterelles, qui la dévorerent pour punir l'endurciſſement de ſon Pharaon aux ordres de Dieu ; tel Satan & ſa légion impure, fondent dans Jéruſalem, à la faveur du brouillard épais que leur ſouffle infect enfante, & pouſſe devant eux. A peine les Génies infernaux ſe ſont-ils emparés des eſprits des *Phariſiens* & des *Saducéens*, qu'il ſe fait de grands mouvemens parmi eux. On ſe parle, on ſe conſulte ; le nom de *Saducéen* n'aigrit plus le *Phariſien* ; & le *Phariſien* oublie ſon orgueil, pour traiter avec le *Sa-*

ducéen, qui de son côté se rapproche, & se prête. Leurs divisions cessent : la cause commune suspend les haines de parti ; ils ne s'accordent néanmoins que dans l'envie de perdre l'homme-Dieu, devenu leur accusateur par ses vertus, & leur juge par ses miracles. Hérodiade, que Satan, & Belial animoient de concert, celui-ci par l'impure volupté, & l'autre par une cruelle ambition, Hérodiade vit les dispositions des esprits, & sçut en profiter adroitement. Elle crut le moment arrivé, de s'élever au plus haut rang, en adoptant l'opinion générale [1]. Que le tems du *Mes-*

---

1 *L'opinion générale.* L'Orient & l'Occident commençoient à publier que c'étoit de cette nation (Juive) que devoit sortir le Libérateur & le Maître de tous les peuples. C'étoit une espéran-

ſie étoit venu, & qu'on alloit le voir paroître. Elle réſolut conformément aux inſpirations de Satan, de former un parti à Hérode ſon époux, & de le faire

---

ce univerſellement répandue. *Tacite* & *Suetone* en ſont les garants. „ *Percrebuerat Oriente toto vetus & conſtans opinio eſſe in fatis, ut Judæa profecti rerum potirentur.* Suetone in Veſpaſ." Tacite eſt conforme à Suetone. *Pluribus perſuaſio inerat, antiquis Sacerdotum libris contineri, eo ipſo tempore fore ut valeſceret Oriens profectique Judæa rerum potirentur.* Il eſt vrai qu'ils appliquent cette Prophétie à *Veſpaſien* & à *Tite*, comme *Virgile* l'avoit déja appliquée à un des enfans de *Livie*, deſtiné à remplacer *Auguſte*. Cette attribution, quoiqu'arbitraire, & faite aſſurément par des Interprêtes très-mal inſtruits, ſuppoſe néanmoins l'attente d'un changement d'état dans le genre humain, & d'un changement qui devoit provenir du peuple Juif. *Spect. de la Nat. tom. 8. Demonſtr. Evang. pag. 140.*

proclamer ſous le titre de *Meſſie.* Déja elle intrigue ſourdement, elle s'aſſure des principaux Chefs de la Synagogue; & lorſque tout eſt prêt pour l'exécution de ſon projet, abordant Herode dans un entretien ſecret, elle lui parle en ces termes.

» Prince, le jour eſt enfin venu, ce jour où vous devez paroître tel que vous êtes, & donner la loi au monde entier. Il eſt tems de vous y manifeſter, & de ſortir de l'indolence où vous avez aſſez langui. Rapellez-vous les fameux exploits du grand Herode votre pere, & vous verrez en lui un précurſeur qui n'a fait que vous préparer les voyes, & vous montrer le chemin de la véritable gloire. Que ne fit-il point pour vous l'aſſurer ? Et quelle politique fut mieux entendue que

» la sienne ? Que de places ne
» répara-t'il pas ? que de forteres-
» ses ne construisit-il pas [1] pour sa

---

1 *Ne construisit-il pas.* Outre les deux forteresses qui étoient dans Jérusalem, l'une le *Palais Royal*, où il (Hérode) demeuroit, & l'autre nommée *Antonia*, du nom d'Antoine son ami & qui étoit proche du Temple, il fit fortifier *Samarie*, parce que n'étant éloignée de *Jerusalem* que d'une journée, elle pouvoit empêcher les séditions tant de la ville que de la campagne, & il changea son nom en celui de *Sebaste*. Il fortifia aussi tellement la tour de *Straton* qu'il nomma *Césarée*, qu'elle sembloit commander tout le pays. Il bâtit encore une ville dans la campagne de la *Pharsaba*, & lui donna le nom d'*Antipatride* de celui d'*Antipater* son pere ; il bâtit aussi un Château au-dessus de Jéricho, qu'il nomma *Cypros* du nom de sa mere, & ne le rendit pas moins recommandable par sa force que par sa beauté. Il bâtit de plus une tour dans Jérusalem, qui ne le cédoit point à celle de *Pharon*, & une ville dans la Vallée

» sureté ? Il bâtit *Cæsarée* [1] en
» l'honneur de *César Auguste* ;
» quel fut le but, & le succès d'u-
» ne flatterie si délicate envers
» ses maîtres ? que n'entreprit-il
» pas pour se mettre la couron-

---

de *Jéricho*, & les nomma l'un & l'autre *Phazaële*, du nom de *Phazaël* son frere qu'il aimoit tendrement ; enfin après avoir bâti bien d'autres Forts en divers endroits, il bâtit à soixante stades de Jérusalem une forteresse nommée *Hérodion* de son propre nom, & ce fut là le lieu de sa sépulture. *Josephe, Antiq. Jud. l. 15. & 17. chap. 6. 9.*

1 *Césarée.* Ce n'étoit anciennement qu'une Forteresse de peu de conséquence, appellée la *tour de Straton*, Hérode le Grand l'ayant réédifiée, la nomma *Césarée* en l'honneur d'Octave César son protecteur & son bienfaiteur ; & parce qu'elle est sur le rivage de Palestine, ou des Philistins, elle est appellée *Césarée de Palestine*, à la différence d'une autre ville de Galilée, qu'on nomma *Césarée de Philippe*.

» ne[1] de Judée ſur la tête, pour » ſe l'affermir, pour régner, pour » s'aggrandir? Ami d'*Antoine* par » intérêt, de *Cléopatre* par incli- » nation[2], flatteur d'*Auguſte* par » politique, libéral, magnifique, » vaillant, il ſçut régner preſque » indépendant, dans la dépen-

---

1 *Pour ſe mettre la couronne.* Hérode comblé de tant de graces qui ſurpaſſoient de beaucoup ſes eſpérances, accompagna Auguſte en Egypte, & lui fit, & à ceux qui étoient le mieux auprès de lui, des préſens ſi magnifiques, qu'ils alloient même au-delà de ſon pouvoir. *Joſ. Antiq. Jud. l. 15. c. 10.*

2 *Cleopatre par inclination.* Cleopatre ayant obtenu d'Antoine quelque partie des Etats de la Judée quand les Romains la conquirent, y alla, & y fut très-bien reçue par Hérode le grand, qui en étoit Gouverneur, à qui elle voulut inſpirer de l'amour, & ce fut par la faveur *de cette Reine qu'Antoine* l'établit Roi des Juifs. *Joſeph. de Bell. Jud.*

» dance ; il fut Souverain ſous la
» protection des Aigles, qu'il
» ſçut tourner à ſon gré par les
» ſoupleſſes de ſon eſprit inſi-
» nuant ; & la Judée n'eut jamais
» de Monarque plus adroit, plus
» abſolu, plus heureux ; & vous,
» aujourd'hui ſucceſſeur dégra-
» dé [1], quelle eſt votre puiſſan-
» ce ? Vous n'êtes point Roi, car
» vous ne poſſédez que la qua-
» triéme partie du Royaume de
» votre pere, qu'Archelaüs votre
» frere a obtenu ſur vous, encore
» ne la poſſédez-vous qu'en Té-

---

1 *Succeſſeur dégradé.* Hérode le grand changea ſon teſtament, & déclara *Archelaüs* ſon ſucceſſeur au Royaume de Judée, au préjudice d'*Hérode Antipas*, à cauſe que la mere de celui-ci, en faveur duquel il en avoit diſpoſé auparavant, s'étoit trouvé engagée dans la conſpiration d'*Antipater. Joſeph. de Bell. Jud. l. 1. cap.* 20.

» trarchie [1] ; vous êtes Tétrarque ; » & ce nom jusqu'à nous peu » connu dans Israël, n'a été in- » venté que pour déguiser votre » servitude. Vous n'êtes, à pro- » prement parler, que le premier » de ces esclaves que vous nom- » mez vos sujets : Vous n'avez » qu'un vain phantôme d'auto- » rité subordonnée à César. Les » Empereurs vous déposent ; les » Gouverneurs de Syrie vous » maîtrisent ; à combien de bas- » sesses ne faut-il pas avoir re- » cours pour vous soutenir ? Il » faut bâtir des villes [2] & des

1 *Tétrarchie.* Hérode avant sa mort érigea la Galilée & la Pérée en Tétrarchie.

2 *Bâtir des villes.* Hérode Antipas, à l'exemple de son pere Hérode le grand, & de Philippe son frere, bâtit plusieurs villes du nom des Empereurs *Auguste* & *Tybere*.

» forteresses, du nom de vos
» maîtres ; il faut ramper devant
» leurs favoris ; il faut les enri-
» chir, les adoucir par des pré-
» sens, fournir à leurs profusions,
» à leurs plaisirs, & combler leurs
» excès par l'épuisement de vos
» finances, & de vos peuples. Prin-
» ce, ne vous irritez point de ma
» sincérité ; reconnoissez votre
» sang, & rougissez de votre
» rang : un Tetrarque subordon-
» né, est indigne d'être le Fils du
» *grand Herode*. Pour soutenir la
» grandeur, & la majesté de ce
» nom, il faut un trône, c'est peu ;
» il faut des sceptres despotiques,
» sans supérieur, & sans égal. Ti-
» bere a pour vous l'estime,
» qu'Auguste eut pour votre pe-
» re ; parlez, si César vous aime,
» il a des trônes [1] pour vous le
» prouver.

---

1 *Il a des Trônes.* Hérodiade ne pou-

» Princesse, répondit Hero- » de, la noblesse du même sang » qui nous anime, se manifeste » dans vos discours. L'élévation » des sentimens, fut toujours le » partage des grandes ames. Je » me suis dit cent fois, ce que » vous venez me dire aujour- » d'hui; j'ai gémi en secret de » l'odieux partage qui me con- » fina dans la Galilée, où les Ro- » mains ne me regardent que » comme un foible lieutenant de » leur puissance. Je ne suis pas » insensible à la dureté de ce

---

vant souffrir la prospérité d'Agrippa son frere que l'Empereur *Caius Caligula* avoit fait Roi de Judée, persuada à Hérode Antipas qui l'avoit épousée, d'aller à Rome pour y détruire Agrippa, & se faire donner son Royaume; ou du moins ériger les Etats qu'il possédoit en Royaume, *Joseph. Antiq. Jud. l.* 18. *c.* 9.

» joug ; & j'en atteste le Ciel, si » jamais j'ai regretté de n'avoir » point de couronne indépen- » dante ; c'est lorsque j'aurois pû » couronner vos attraits, en vous » unissant à moi. Vous l'eussiez » portée avec dignité ; & vous » eussiez effacé la gloire des plus » célébres héroïnes. Vous me » pressez de l'obtenir de la faveur » de Tibere ; mais quel fond peut- » on faire sur l'amitié des Prin- » ces ? s'il est honteux de vivre » sans couronne, il est toujours » dangereux de se la donner.

» Ecoutez, Prince, repliqua » Hérodiade, & sentez toute la » grandeur de vos destinées. Il » est une opinion ancienne, & » aujourd'hui nouvelle, que le » *Messie* a paru. Chacun le cher- » che ; tous l'attendent ; mais » nos Prêtres plus éclairés que le » vulgaire, reconnoissent en vous

» les

» les caracteres de ce *Messie*, & » jurent par la loi que vous êtes » le *Christ* promis. Cédez à leurs » lumieres ; acceptez ce titre ; ils » sont prêts à vous proclamer à » la face des peuples ; devenu » l'objet de leur amour & de leur » idolâtrie, reconnu comme *Roi*, » & peut-être comme *un Dieu*, » ces mêmes peuples armeront, » combattront, & prodigueront » leur bien, leur sang, & leur » vie pour vous ; vous régnerez.

» Eh ! voilà l'écueil, interrom- » pit Hérode ; vous me proposez » de prendre la qualité de *Messie*, » en profitant de l'obscurité des » Ecritures, & des circonstances » qui semblent fixer à mon tems » l'époque de la délivrance du » peuple Hébreu ; mais outre » l'impiété d'une telle usurpa- » tion, qui ne voit que ce nou- » veau titre causeroit infaillible-

„ ment ma ruine totale, ſans me
„ procurer de grandeur réelle.
„ Car ce *Meſſie* qu'on attend, doit
„ commencer ſon régne par ſou-
„ mettre tous les Souverains à
„ ſes loix, pour régner ſeul ſans
„ pair & ſans rival, ſur les dé-
„ bris de tous les Empires ſubju-
„ gués. Or penſez-vous que les
„ Romains verroient d'un œil
„ indifférent, un Prince revêtu
„ de ce titre jaloux & formida-
„ ble? Et leur politique allarmée
„ ne prendroit-elle pas des meſu-
„ res pour borner les entrepriſes
„ d'un tel conquérant? La perte
„ de mes Etats, & de ma liberté,
„ ſeroit peut-être le traitement le
„ plus doux qu'on me feroit. Je
„ conviens que le peuple eſt facile
„ à abuſer; qu'il donne de lui-mê-
„ me dans les illuſions les plus groſ-
„ ſieres; que les Grands, flateurs
„ nés des Princes, ſe prêteront

» à la fiction, & que les Prêtres » intéressés donneront du crédit » à l'imposture ; mais peut-on » compter sur des hommes su- » perstitieux, avares, ou flateurs ?

» Le titre de *Messie*, reprit » Hérodiade, est-il un objet assez » important pour exciter la mé- » fiance des Romains ? Le *Na- » zaréen* ne l'a-t'il pas déja usur- » pé ; & qui plus est, le titre de » Roi ? Que lui en est-il arrivé ? » Rien, interrompit Hérode, » parce que ce *Jesus* est un hom- » me obscur, sans armée, & sans » couronne ; il peut impunément » se faire admirer parmi le peu- » ple qu'il abuse ; les Romains » ne lui envieront jamais une » gloire si misérable ; mais la » moindre démarche d'un Prince » qui a des Etats & des troupes, » mériteroit leur attention, & » attireroit infailliblement leurs

» armes, qui l'accableroient ſans » reſſource. «

Hérodiade ſans paroître vaincue par des raiſons ſi politiques, garda pour un moment le ſilence, par l'effet d'une forte réflexion; pendant cet intervalle, on liſoit dans ſon ame les diverſes paſſions qui l'agitoient; la crainte s'y peignoit un inſtant par la pâleur, alors elle héſitoit. Bien-tôt la préſomption indiſcrete l'effaçoit par une vive rougeur; l'eſpérance & l'audace, ſemblables aux flots de la mer qui ſe ſuccédent, revenoient tour à tour; mais l'impérieuſe ambition qui ne connoît point de frein, l'emporta conſtamment, & lui fit reprendre le diſcours: » Eh bien, Prince, ſi la » formidable puiſſance des Ro» mains vous intimide lorſqu'elle » eſt réunie ſous un chef paiſible » poſſeſſeur de l'Empire, exci-

» tons des orages qui le troublent.
» Conſpirons avec *Séjan* [1]; ce favori de *Tibere*, aujourd'hui la premiere perſonne de l'Empire, ne fut autrefois qu'un vil flateur, & d'une naiſſance équivoque. Les honneurs uſurpés, ou acquis par baſſeſſe, ne changent jamais le cœur en bien. *Séjan* doit par conſéquent avoir le cœur bas & perfide, l'ame ambitieuſe, & cruelle. Propoſons-lui le partage de l'Empire; l'éclat du diadême, & de la pourpre, ne peut manquer de l'éblouir; il prêtera l'oreille à

---

1 *Conſpirons avec Séjan.* Hérodiade engagea effectivement Hérode Antipas dans une conſpiration avec Séjan favori de Tybere, ainſi qu'il en fut accuſé devant Caïus Caligula. *Voyez Baſnage. Continuation de l'Hiſt. des Juifs. tom. 1. l. 3. c. 8.*

» nos insinuations ; il entrera » dans nos projets ; alors que la » conjuration éclatte ; que *Tibere* » expire sous le fer des conjurés ; » que le téméraire *Séjan* soit éle- » vé sur le trône des Césars qu'il » aura ensanglanté ; que l'*Occi-* » *dent* soit son partage, & que » l'*Orient* soit votre Empire.

» L'entreprise est séduisante, » repliqua Hérode, elle est digne » du grand cœur qui la forme ; » mais l'exécution en est-elle fa- » cile ? Ai-je des troupes, des sol- » dats, des armes, des Géné- » raux, des places, des trésors ? » Prince, interrompit Hérodia- » de, tout est prêt ; ma politique » a prévu & pourvu à tout. *Se-* » *phoris*[1] est ceinte de bonnes mu-

2 *Sephoris.* Ancienne ville de la Galilee dans la Palestine, à quatre milles de *Nazareth* vers le mont Carmel. Elle

» railles, & peut passer pour la
» plus forte place de la Galilée ;
Juliade [1] est bien fortifiée ; *Beth-*
» *saïde* [2] a des remparts ; *Tari-*

est située sur une colline au milieu d'une plaine. Cette ville est célèbre par la naissance de *S. Joachim* & de *Sainte Anne*, pere & mere de la Sainte Vierge. Plusieurs croyent que *S. Joachim* ayant quitté *Sephoris*, alla demeurer à *Nazareth* avec *Sainte Anne* sa femme ; d'où il se retira à *Jérusalem* dans le tems que *Sainte Anne* étoit enceinte de la *Sainte Vierge*. Sephoris qui a été depuis nommée *Diocesarée*, étoit autrefois une ville très-forte & très-considérable. Hérode Antipas voyant que cette place étoit importante pour la sûreté de sa Tétrarchie, en fit la principale Forteresse de toute la Galilée.

1 *Juliade*. Ville qui s'appelloit anciennement *Berathampta*, & qu'Hérode Antipas fortifia & nomma *Juliade* en l'honneur de l'Impératrice *Julie*, fille unique d'Auguste, & femme de Tibere qui fut son troisiéme mari.

2 *Bethsaïde*. Hérode Antipas aug-

» *chée*[1] eſt défendue par ſes tours;
» *Sebaſte*[2] par ſa ſituation avanta-
» geuſe. *Hérodion*[3] eſt bien munie;
» *Tibériade*[4] bien pourvûe, & bien

---

menta auſſi de telle ſorte le bourg de *Bethſaïde*, aſſis ſur le rivage du Lac de Geneſareth, qu'on l'auroit pris pour une ville; la peupla d'habitans, l'enrichit, & la nomina *Juliade* en l'honneur de *Julie* petite-fille de *Tibere*.

1 *Tarichée*. Ville ancienne de la Tribu d'Iſſachar, à quatre cens pas de la mer de Tybériade, & à demie lieue de Tybériade même.

2 *Sebaſte*. Ville de Paleſtine autrefois *Samarie*. Hérode le Grand qui la rétablit, changea ſon nom en celui de *Sebaſte*, qui en Grec veut dire *Auguſte*, par flatterie pour cet Empereur, S. *Jean-Baptiſte* y fut enſeveli par ſes diſciples, entre les Prophètes *Eliſée* & *Abdias*.

3 *Hérodion*. Voyez la note de la page 90. de ce Chant.

4 *Tybériade*. Voyez la note du premier Chant, page 22.

» gardée, eſt en état de faire une
» longue réſiſtance. *Céſarée* eſt
» mon magaſin d'armes ; & déja
» par mes ſoins, ſon arſenal en
» renferme de quoi armer ſoi-
» xante & dix mille hommes en
» un inſtant. Quand aux troupes,
» vous aurez des armées formi-
» dables, dès le moment que vous
» aurez arboré votre étendart, en
» vous annonçant pour le *Meſſie*.
» Alors de toutes parts accour-
» reront auprès de vous les peu-
» ples de la Judée qui attendent
» un Libérateur ; les mécontens
» de la tyrannie de *Tibere*, ſe
» joindront à vous ; les eſclaves
» briſant leur joug, groſſiront vos
» armées ; les Aſiatiques & les
» Perſes, qui ne ſupportent qu'à
» regret la Puiſſance Romaine,
» ſe déclareront pour vous, & fe-
» ront une grande diverſion. Du
» moment que *vous* & *Séjan*,

» ébranlerez le trône de *Tibere*, » lui dans Rome, & vous dans » ces contrées, les Provinces de » l'Empire s'ébranleront ; les » Gouverneurs fidéles par crain- » te, plus que par devoir pendant » la paix, voulant profiter des » troubles, travailleront à leur » fortune particuliere, ou recon- » noîtront votre puissance. Alors » toutes les richesses de l'Orient » inonderont vos trésors ; les » *Dromadaires de Madian*[1] & *d'E-* » *pha*, arriveront chargés de pré- » sens ; les Rois se rendront vos » Vassaux, & deviendront les » Géneraux de vos armées ; au » milieu de tant de prospéri-

1 *Dromadaires de Madian*. Hérodiade applique ici avec impiété à Hérode Antipas, ce qui ne devoit arriver qu'au Messie, & qui est prédit dans Isaïe. *chap.* 60.

» tés votre cœur s'enflera, se dilatera. Le nom auguste de
» *Messie*, revêtu de la majesté
» que lui donnent les Oracles
» anciens, fera marcher la terreur
» devant vous. Dans l'opinion
» que la victoire doit les devancer en tous lieux, vos soldats
» devenus invincibles sous nos
» drapeaux, marcheront fiérement à la conquête du monde :
» vous paroîtrez, tout sera soumis. Je ne sçais si *Séjan* lui-même, resserré dans Rome & l'Italie, ne se verroit point forcé
» de vous reconnoître pour le
» favori, & l'*Envoyé du Ciel*, &
» de céder à vos heureux destins
» le trône des Césars, pour régner
» sur l'*Orient*, & l'*Occident* réunis
» sous votre sceptre.

» Magnanime Princesse, répartit Herode, livrez-vous
» moins aux illusions de la gloi-

» re. Trop d'ambition, hélas!
» creuse souvent des précipices,
» où l'on croit voir des trônes;
» pour ébranler celui de *Tibere*,
» pour opérer une révolution gé-
» nérale, que de ressors à remuer!
» que de mesures à concerter!
» une occasion manquée; une
» bataille perdue; un revers ino-
» piné, la prudence est à bont;
» les armées se débandent, les
» alliances se rompent, le soldat
» vaincu par la terreur, cesse de
» se croire invincible, & prend
» la fuite; le vainqueur insolent
» le poursuit. Quelles ressour-
» ces alors? Assiégés par les Ai-
» gles victorieuses, nos places se-
» roient-elles de sûrs remparts?
» Que faire en cette extrêmité?
» Mourir, répondit fiérement
» Hérodiade, & mourir géné-
» reusement; c'est la plus no-
» ble fin des Princes infortu-

» nés. Oui, illustre Antipas, fallut-il survivre à ses revers, & à sa liberté, votre épouse ne partageroit vos malheurs que pour les adoucir : vous verriez Hérodiade avec un cœur supérieur à ses miseres, vous suivre dans l'exil[1], dans les chaînes,

1 *Dans l'exil.* Hérode Antipas étant parti pour Rome avec Hérodiade pour le sujet qu'on a dit ci-devant, alla trouver l'Empereur *Caïus Caligula*, mais *Agrippa* ayant écrit contre lui à ce Prince, & l'ayant accusé d'avoir voulu exciter quelques révoltes dans la Judée, & même à Rome d'avoir conspiré avec Sejan contre *Tybere*, & d'avoir amassé dans ses Arsenaux de quoi armer soixante-dix mille hommes. *Hérode* ne pouvant se justifier de ces accusations, *Caligula* qui ne l'aimoit pas, le relegua à Lyon ; on dit que cet Empereur ayant sçû qu'*Hérodiade* étoit sœur d'*Agrippa*, voulut la renvoyer en Judée, & l'exempter de la disgrace de son mari, mais cette Princesse répondit généreu-

» la mort... Mais pourquoi nourrir
» une idée funeste, lorsque tout
» promet les succès les plus bril-
» lans? Cher Prince, ajouta-t'elle
» en embrassant ses genoux, cher

---

sement ,, que puisqu'elle avoit eu part ,, à la prospérité d'Hérode, elle ne ,, vouloit pas l'abandonner dans son in- ,, fortune. " Elle le suivit donc dans son exil à *Lyon*, ville des Gaules, où ils moururent tous deux misérablement. *Josephe Antiq. Jud. l. 18. c. 10.* Pour ce qui est de *Salomé* fille d'*Hérodiade* & de *Philippe* son premier mari, *Nicéphore* & *Metaphraste* disent qu'elle suivit Hérodiade sa mere, & Hérode Antipas son beau-pere dans leur exil, & qu'après leur mort, voulant se retirer en Espagne, elle périt misérablement dans une riviere glacée qu'elle voulut passer. La glace se fondit sous ses pieds, & s'étant enfoncée jusqu'au col, elle y demeura suspendue en punition de ce qu'elle avoit fait couper la tête à S. *Jean-Baptiste.* Tout cela arriva en la quarantiéme année de l'Ere Chrétienne.

» Prince, rendez-vous aux Oracles du Ciel, & aux vœux de » toute la terre ; venez, dit-elle, » en le conduisant par la main à » son trône ; venez, j'entens déja les peuples assemblés, qui » n'attendent que le moment de » vous rendre leurs hommages, » & de vous reconnoître comme » le Fils de la droite du Très-» Haut.

Hérodiade achevoit à peine ces mots, que les portes s'ouvrent avec éclat ; tout étoit concerté ; une cour fastueuse composée de deux sectes, approche du trône, on se prosterne à l'envi ; Herode est proclamé *Messie* [1]. Le foi-

---

1 *Hérode est proclamé Messie.* Hérode le Tétrarque voulut passer pour le *Messie*. Ses courtisans & ses flatteurs répandirent le bruit qu'il étoit ce *Messie* depuis si long-tems attendu, & ils lui applique-

ble Tetrarque étonné d'admira-

---

rent la Prophétie de Jacob : *Le sceptre ne sortira point de la Maison de Juda, jusqu'à ce que le Messie vienne*; & ils concluoient que le Sceptre étant tombé entre les mains d'Hérode l'Ascalonite, & à ses enfans, c'étoit de la famille de ce Roi que le *Messie* devoit naître. On fera peut-être l'objection que le *Messie* devoit être Juif, *Salus à Judæis*, & qu'Hérode étant Iduméen, les Juifs auroient été des ignorans & des mal habiles de le prendre pour le *Messie*, & de lui en appliquer la Prophétie & les caractères. Mais on répond qu'Hérode le grand étoit Juif, quoiqu'Iduméen, car les Iduméens étoient prosélites Juifs depuis plus d'un siécle. D'ailleurs si Hérode le grand n'étoit pas né Juif, ses enfans & *Hérode le Tétrarque* un de ses fils, étoient nés en Judée, & sur le trône que leur pere occupoit. Quant au titre de *Messie*, ce ne fut jamais la nation entiere qui le lui donna ; mais seulement une troupe de courtisans & de flatteurs sans foi & sans loi, soutenus de quelques étrangers, gagnés & apos-

tion, & interdit de crainte, ne sçait encore le parti qu'il doit prendre : acceptera-t'il, rejettera-t'il un titre si majestueux ? Il est immobile ; Hérodiade assise à ses côtés, reçoit avec lui l'hommage & le serment de ses nouveaux sujets, & courtisans. Ils prennent le nom d'*Hérodiens*.[1] Un

---

tés par eux. *Voyez Basnage contin. de l'Hist. des Juifs tom. 1. l. 3. c. 8.*

1 *Le nom d'Hérodiens*. Plusieurs Auteurs qui se sont copiés les uns les autres, ont écrit que la Secte des *Hérodiens* prenoit son nom d'*Hérode le grand*; mais il y a peu d'apparence, parce que ce Prince mourut peu de tems après le massacre des Innocens, c'est-à-dire en la deuxiéme ou quatriéme année de la naissance de Jesus-Christ; & que d'ailleurs dans les Actes des Apôtres il est fait mention d'un Hérode (Agrippa) qui fut nommé *Voix de Dieu*, ce qui signifie *Messie*, par le peuple & les courtisans. Mais il y a aussi

grand festin succéde à l'inaugu-

---

peu de vraisemblance de vouloir que ce fut *Hérode Agrippa*, le même qui fit mourir *S. Jacques*, & mettre *S. Pierre* en prison, qui donna naissance à la Secte des Hérodiens, puisqu'elle existoit du tems de la mission de Jesus-Christ, que de l'attribuer à *Hérode le Grand* du tems duquel il n'en est point parlé. L'opinion la plus probable est celle de *Basnage*, *qui dans la continuation de l'Hist. des Juifs. tom. 1. l. 3. chap. 8.* dit expressément que ce fut Hérode le Tétrarque qui voulut passer pour le Messie, à l'aide de ses courtisans qui lui donnerent ce titre, & qui prirent de lui le nom d'*Hérodiens*; quant à ce qui est dit aux Actes des Apôtres en faveur d'Hérode Agrippa, on peut croire que le peuple Juif qui attendoit avec impatience le *Messie*, donna ce titre à *Hérode Agrippa*, comme on l'avoit déja donné à *Hérode Antipas Tétrarque*. Du reste ces Hérodiens, selon ce que *Josephe* & *Prideaux* en disent, étoient des demi Juifs comme Hérode, des gens qui à la vérité faisoient profession

ration du Tetrarque devenu *Messie*; Satan qui préside à cet odieux & sacrilége banquet, soufle à Hérode & à tous les convives sa haine implacable contre l'Homme-Dieu. On conclut unanimement la perte de *Jesus*, à ce banquet d'Hérodiens, comme on avoit effectué la mort de *Jean-Baptiste* dans le festin d'Hérodiade. D'impitoyables Satellites

---

du Judaïsme, mais qui pourtant dans l'occasion sçavoient s'accommoder à l'Idolâtrie payenne & faire ce qu'elle demandoit d'eux, comme firent *Hérode le Grand* & *Hérode Antipas*, qui bâtirent des Villes & des Temples en l'honneur d'*Auguste* & de *Tibere*. Les Saducéens qui ne connoissoient point d'autre vie après celle-ci, donnerent presque tous dans l'*Hérodianisme*; aussi les vit-on, pour ainsi dire, confondus avec les Hérodiens. *Joseph. Antiq. Jud l. 12. c. 12. Prideaux. Hist. des Juifs & des peuples voisins. tom. 4. pag. 124.*

ſont envoyés pour le prendre; & ceux-ci animés par Satan, jurent au Prince & à ſes Sectateurs de lui amener ſon rival chargé de fers.

Déja le jour anniverſaire de la Dédicace de l'Autel réédifié par le vaillant Machabée, appelloit le peuple à la ſolemnité des ſacrifices. Déja les Pontifes, & les Sacrificateurs, le front orné de larges phylacteres [1], s'aſſem-

---

1 *Phylacteres*. Ces *Phylacteres* étoient des bandes de parchemin ſur leſquelles étoient écrites certaines paroles de la Loi, que les Juifs portoient ſur leur front, & ſur le poignet, à cauſe d'un paſſage de Moïſe *Exod. 13. 6. & Deuteronom. 6. 8. & 11. 18.* paſſage mal entendu dans lequel il eſt ordonné " de „ n'oublier jamais la Loi de Dieu, de „ la porter ſur le poignet, & devant les yeux. " L'uſage de ces Phylacteres n'étoit pas commun parmi les Juifs,

bloient ſous le fameux portique de Salomon [1] & attendoient pour commencer les ſacrés myſteres, que le Soleil ſe fut plongé dans les flots de l'Océan. Déja Satan les faiſoit frémir & conſpirer contre l'Homme-Dieu. Guidé par ſa piété, ce Sauveur paſſoit ſous le portique pour ſe rendre au Temple. Dès que ſes ennemis le

---

il n'y avoit que les plus devots, ou les plus ſuperſtitieux qui en portaſſent; les Phariſiens enchériſſoient ſur les autres; ils portoient leurs phylacteres & les franges de leurs robes commandées par Moïſe, d'une maniere diſtinguée des autres, & plus longues & plus larges. *Calm. Hiſt. de la vie de J. C.*

1 *Portique de Salomon*. Etoit un vaſte & magnifique bâtiment ſoutenu de colonnes, ſous lequel les Juifs s'aſſembloient en attendant l'heure de la priere au Temple; il étoit intérieur, & différent du Parvis & de la Cour des nations, où les Etrangers ſe raſſembloient.

virent paroître, ils songérent à lui tendre des piéges, & à le surprendre dans ses discours, pour lui en faire un crime auprès du peuple qui étoit de son parti. A l'instant ils l'abordent, ils l'environnent, & deux Hérodiens lui adressant la parole, « Maître, » lui dirent-ils, nous voyons que » vous n'avez acception de personne, & que la verité réside sur » vos lévres, dites-nous donc, est-» il permis de payer le tribut à » César [1], ou de lui refuser? «

---

1 *Tribut à César.* Les *Pharisiens* & les *Hérodiens* étoient dans des principes, & des sentimens opposés, au sujet des tributs qu'on payoit aux Romains. Les *Pharisiens* excessivement jaloux de leur liberté, ne les payoient qu'à regret. Les Hérodiens au contraire attachés au parti dominant, qui étoit celui d'*Hérode* & des *Romains*, étoient pour la soumission aux ordres de l'Empereur, de sorte

L'Homme-Dieu qui lit dans les cœurs, y vit toute la malice de ses ennemis, & ne leur répondit qu'en leur demandant une piéce d'argent qu'on donnoit en tribut, l'ayant reçue de leurs mains, & la regardant attentivement : » De qui est cette Image & cette » inscription, leur dit-il ? On lui » répond que c'est là l'effigie de » César; eh bien, repliqua l'Hom» me Dieu, rendez à César, ce » qui est à César [1], & à Dieu ce

---

que de quelque maniere que J. C. répondit, il leur sembloit qu'il ne pouvoit manquer de tomber dans leur piéges. *Calm. Hist. de la vie de J. C.*

1 *Rendez à César ce qui est à César.* Jesus-Christ regle admirablement les droits du Trône & de l'Autel, sans les confondre. Il décide „ qu'il faut payer „ les tributs aux Princes, puisque, se„ lon S. Paul, ils sont les ministres de „ Dieu, & que le tribut leur est dû de

» qui est à Dieu [1]. « Les Hérodiens confondus par cette sage réponse, se retirent confus & interdits. Les Saducéens comp-

---

„ droit divin, parce qu'ils sont occu„ pés aux fonctions du service public. “ *Ideò enim & tributa præstatis, Ministri enim Dei sunt, in hoc ipsum servientes.* Rom. 13. Remarquez que l'Apôtre appelle leur ministere *une servitude.*

1 *A Dieu ce qui est à Dieu.* Jesus-Christ pouvoit résoudre tout d'un coup la question en disant, *il est permis de payer le tribut à César*; mais en se faisant montrer l'effigie de ce Prince dans sa monnoye, il voulut les convaincre que reconnoissant César pour leur Roi & leur Souverain, il étoit indispensable de lui payer le tribut; & que ne reconnoissant qu'un seul Dieu, le Dieu du Ciel & de la Terre, ils devoient lui rendre ce qui lui étoit du, c'est-à-dire, les sacrifices, les oblations, les prémices & les offrandes d'un cœur sincere, &c. ce qu'ils ne faisoient plus qu'imparfaitement, observant mieux les traditions que la Loi. *Menoch. in Math.* 22. 21.

ptant de le mieux embarraſſer, lui propoſent cette queſtion : « Seigneur, Moïſe ordonne que » lorſqu'un homme meurt ſans » enfans, ſon frère épouſe ſa veu- » ve, & qu'il faſſe ainſi revivre » ſon nom & ſa race dans Iſraël ; » ſept freres ont épouſé ſucceſſi- » vement la même femme, ſans en » laiſſer des enfans ; apprenez- » nous donc, auquel des ſept appar- » tiendra cette femme au jour de » la réſurrection des corps? Hom- » mes charnels, leur répondit » Jeſus, vous ignorez les Ecri- » tures & les voyes de Dieu. Ap- » prenez que les ames dépouil- » lées de leur corps, n'ont point » de ſexe [1] ; & que lorſque la

1 *N'ont point de ſexe.* Si les ames animent pendant cette vie des corps diſtincts par leur nature, c'eſt pour elles une humiliante néceſſité qui les y aſſu-

» résurection générale leur aura
» redonné une vie nouvelle dans
» de nouveaux corps, on ne se
» perpétuera plus par le mariage;

---

jettit, pour perpétuer l'espèce humaine par la voye ordinaire de la génération; mais du moment que l'ame quitte son corps, elle reprend ses droits; dégagée de la matiere, elle redevient, pour ainsi dire, invisible, immortelle, subtile, & n'est point distinguée d'une autre ame. Elles sont toutes un souffle de la Divinité, une émanation de ce souffle divin, & immortel qui les subtilise; elles sont donc égales aux Anges dans le Ciel; ainsi ces mariages qui ont lieu sur la terre, sont inconnus dans l'autre vie. Ces différens degrés d'époux & d'épouse, de pere & de fils, de frere & de sœur, sont des liens par lesquels la providence divine lie la société humaine sur la terre; mais dans le Ciel, on ne connoît d'autre union, que l'union intellectuelle des Esprits qui s'unissent indivisiblement à leur Dieu par l'essor de l'amour pur.

» mais que semblables aux Anges du Ciel [1], les ames jouiront » paisiblement du bonheur éter» nel. « Les Saducéens se retirérent aussi déconcertés que les Hérodiens ; mais bientôt le divin Héros est assailli de nouvelles questions. Seigneur, lui demandent les Pharisiens, « Est-il per» mis à un homme de répudier » sa femme [2] pour quelque raison

1 *Aux Anges du Ciel.* Neque nubent, neque nubentur, sed sunt sicut Angeli Dei. *Marc. l. 12. 25.*

2 *De répudier sa femme.* Le divorce étoit permis chez les Payens, il l'étoit même chez les Juifs à cause de la dureté de leur cœur. A Rome la stérilité, la maladie, la fureur, le bannissement étoient les causes ordinaires du divorce. Parmi les Juifs des derniers siécles avant Jésus-Christ, la laideur, la vieillesse, ou la méchante humeur d'une femme, suffisoient pour lui donner la *lettre du divorce.* L'ennui, le repentir de l'avoir

„ que ce soit? Ignorez-vous, ré-
„ pondit Jesus, que Dieu ayant
„ créé l'homme & la femme, les
„ a unis de liens tellement indis-
„ solubles, que l'homme aban-
„ donnera son pere & sa mere
„ pour s'attacher préférablement
„ à sa femme [1]; ils ne sont plus
„ qu'un corps, & un même esprit
„ dans une même chair. Si Moï-
„ se, pour s'accommoder à la du-
„ reté de vos cœurs [2], a permis

épousée, la volonté de la répudier, étoient même des raisons bonnes & valables. Milton, quoique Chrétien, a fait un Traité *de la doctrine & de la discipline du divorce*, où il soutient que le divorce doit être permis par la seule incompatibilité d'humeurs. On dit qu'il avoit pratiqué sa propre doctrine.

1 *Préférablement à sa femme*. Propter hoc relinquet homo patrem & matrem, & adhærebit uxori suæ, & erunt duo in carne unâ. *Marc. c. 10. 8.*

2 *Dureté de vos cœurs*. Quoniam

» & toleré le *libelle de répudiation*, » il n'en étoit pas ainſi dans l'inſ- » titution primitive [1], à laquelle » il faudra bientôt revenir. Sei- » gneur, lui demande enſuite un » grave Docteur, quel eſt le plus » grand des Commandemens [2] de

---

Moïſes ad duritiam cordis, mandavit dare libellum repudii, ab initio autem non fuit ſic. *Ibid.*

1 *Inſtitution primitive.* Les Phariſiens confondoient ce que Dieu avoit commandé, avec ce que Moïſe avoit toléré. Jeſus-Chriſt démêle ici parfaitement ces deux choſes, il révoque la permiſſion & la tolérance que Moïſe avoit établie, & rétablit le mariage ſur le pied où Dieu l'avoit mis au commencement. *Calm. Hiſt. de la vie de J. C.*

2 *Le plus grand Commandement.* La queſtion que fait ici ce Docteur, étoit apparemment du nombre de celles qui partageoient alors les eſprits des ſçavans de la nation. Les uns donnant la préférence au *Sabbat*, les autres à la *Circonciſion*, d'autres aux *Sacrifices*; mais

» la Loi ? Aimer Dieu, répond » Jesus, & l'aimer de tout son » cœur, de toute son ame, & de » toutes ses forces. Voilà le pre- » mier, & le plus grand des com- » mandemens ; le second qui a » beaucoup de rapport au pre- » mier, c'est d'aimer son prochain » comme soi-même ; voilà toute » la Loi[1] & les Prophètes.« Alors un Pharisien se faisant jour à travers la foule, s'approche, & lui dit d'un ton & d'un air malin, « Maître, est-il permis de faire » des guérisons au jour du Sab- » bat[2] ? Qui de vous, répond

---

le Fils de Dieu fixe tout d'un coup, & en maître toutes ces diversités d'opinions, en disant, *vous aimerez le Seigneur votre Dieu*, *&c. Calm. Hist. de la vie de Jesus-Christ.*

1 *Voilà toute la Loi.* Uuiversa lex pendet & Prophetæ. *Math.* 22. 3.

2 *Au jour du Sabbat.* Jesus-Christ

» l'homme-Dieu, voyant sa bre-
» bis tomber dans un fossé au jour
» du Sabbat, ne l'en retire pas?
» Oui, il est toujours permis de
» faire du bien, & pour le prou-
» ver, jeune homme, dit-il à un
» des spectateurs qui avoit une
» main séche, jeune homme, ap-
» prochez, étendez votre main;
» vous voilà gueri. « Et sur le

---

ne voulant pas donner prise sur lui, aux Pharisiens qui ne cherchoient qu'à trouver dans ses discours matiere à l'accuser, répond en termes vagues, il est toujours permis de faire du bien. *Sabbato medecinæ dominicæ opera cœpta significat, ut inde nova creatura cœperit, ubi vetus creatura ante desivit; nec sub lege esse Dèi Filium, sed suprà legem in ipso principio designaret, nec solvi legem, sed impleri. Et bene Sabbato cœpit, ut ipsum se ostenderet Creatorem qui opera operibus intexeret, & prosequeretur opus quod ipse jam cœperat.* Hom. S. Ambr. l. 4. in Luc. c. 4.

champ le jeune homme recouvre l'usage de sa main. Alors mille murmures confus s'élevent ; le peuple applaudit, admire, & croit en lui ; les Pontifes, les Princes des Prêtres, les Scribes[1], les Pharisiens, Saducéens & Hérodiens, frémissent de rage & d'envie ; un d'eux plus hardi que les autres, s'avançant en face du Dieu Homme, « assez & trop long tems,

1 *Scribes. Grotius* & M. *de Valois* croyent que les Scribes tenoient lieu d'*Assesseurs* pour donner conseil aux Juges, dans les choses de la Loi dont ils avoient une intelligence particuliere, & qu'ils interprêtoient au peuple. Ce qui les mettoit au-dessus des Sacrificateurs. D'autres jugent que les Scribes n'étoient que les *Greffiers du Sanhedrin*, & qu'ils n'étoient reçus dans le Sénat des Juifs qu'en cette qualité, & qu'en celle de Sénateurs, lorsque leur science & leur mérite les faisoient choisir pour être du nombre des Juges.

» lui dit-il, tu tiens nos esprits » en suspens [1]; apprens-nous donc » sans déguisement, & confesse » en présence de tout ce peuple, » si tu es le Christ [2]. Qui es tu ?

---

1 *Tu tiens nos esprits en suspens*. Circumdederunt ergo eum Judæi, & dicebant ei : *quousque animam nostram tollis, si tu es Christus dic nobis palam* : non veritatem desiderabant, sed calumniam præparabant. Quærebant audire à Domino, *ego sum Christus*, & fortasse de Christo secundum hominem sapiebant, prædicaverunt enim Prophetæ Christum, sed divinitatem Christi, & in Prophetis, & in ipso Evangelio, nec hæretici intelligunt : quanto minus Judæi quamdiù velamen est super cor eorum, *S. Aug. Tract. 48. in Joan.*

2 *Si tu es le Christ*. Les Pharisiens & les autres Juifs attendoient avec empressement le Royaume de Dieu, ou la venue du *Christ*; car ces deux expressions sont synonimes; ils sçavoient que les tems marqués étoient venus, & que *Jesus* étoit regardé par plusieurs comme le vrai *Messie*; mais les préjugés

» Je suis, repliqua Jesus, avec sa
» douceur ineffable, je suis le
» principe de toutes choses [1], moi,

---

dont les autres étoient remplis formoient un obstacle à cette créance. En effet Jesus-Christ leur avoit dit cent fois, *qu'il étoit la lumiere du monde, le Fils de Dieu, le bon Pasteur, qu'il étoit venu pour sauver, pour donner la vie, pour rendre la liberté, pour racheter; qu'il devoit mourir & ressusciter, qu'il étoit le maître de sa vie & de sa mort.* De plus n'avoient-ils pas remarqué sa pénétration jusques dans le fond de leurs pensées, sa force toute puissante à faire des miracles; en falloit-il davantage pour sçavoir s'il étoit le *Christ? Calm. Hist. de la vie de J. C.*

1 *Je suis le principe de toutes choses.* Si les nations lui doivent (à J. C.) comme elles lui doivent sans doute le renversement de l'idolâtrie, & le culte qu'elles rendent au Dieu des Patriarches, il est cet homme si desiré; tout est pour lui; il paroît, & la Tribu qui ne subsistoit que pour lui donner naissance, n'a plus besoin non plus que les autres, de la conservation réguliere de ses Ar-

» qui vous parle, vous me con-
» noîtrez mieux, lorſque vous
» aurez exalté le Fils de l'Hom-
» me; vous ſçaurez alors que je
» n'ai rien fait de moi-même,
» mais par la puiſſance de mon
» Pere qui m'a envoyé; ſa vertu
» inviſible qui eſt en moi me ſuit
» par tout; & je ne fais que ce
» que ſa volonté me dicte; de-
» venez mes Diſciples, vous
» connoîtrez la vérité, & cet-
» te vérité rompra les fers de
» votre ſervitude. Que parles-
» tu de ſervitude, interrompi-
» rent fiérement les Phariſiens,

---

chives, ni de la poſſeſſion du pays de Chanaan; ces précautions ceſſent d'être néceſſaires, parce que celui auquel les nations obéiſſent, eſt ſuffiſamment connu pour être, ſelon les promeſſes, *Fils de David*, de *Juda*, d'*Iſraël*, d'*Iſaac* & d'*Abraham*. Il eſt le centre de tout & de lui part la lumiere qui éclaire tout. *Spect. de la Nat. tom. 8. pag. 224.*

» vrais enfans d'*Abraham*, avons-
» nous jamais été esclaves de
» personne ? Présomptueux, re-
» pliqua Jesus, en vain vous
» glorifiez-vous d'avoir Abra-
» ham pour pere, si vous n'i-
» mitez ses vertus ? Montrez-
» vous digne de lui par des ac-
» tions conformes à la foi de ce
» Patriarche : en ce moment vous
» cherchez à me perdre & à me
» ravir la vie[1], parce que je vous
» ai annoncé la vérité, que j'ai
» apprise de mon Pere Céleste ;
» sont-ce-là des œuvres dignes
» d'Abraham ? Non, poursuit-il
» avec vivacité, non, il n'est
» point votre pere ; c'est l'homi-
» cide Satan[1], qui dès le commen-

1 *Ravir la vie.* Nunc autem quæritis me interficere quia veritatem vobis locutus sum. *Joann. 8. 40.*

2 *L'homicide Satan.* Vos à patre Dia-

„ cement du monde donna la „ mort au premier homme ; c'eſt „ lui qui vous inſpire le cruel at- „ tentat de répandre mon ſang ; „ il profére le menſonge ; il vous „ le fait avaler ; parce qu'il a pré- „ variqué de la vérité, elle n'eſt „ plus en lui. Mais ſi je vous l'an- „ nonce cette vérité, pourquoi „ ne pas la ſuivre ? Si vous ne „ voulez pas croire à mes pa- „ roles ; croyez du moins à „ mes œuvres [1]. Qui de vous „ pourroit reprendre en moi la „ moindre iniquité [2] ? Eh quel „ ſigne donnes-tu de ta miſſion,

bolo eſtis, & deſideria patris veſtri vultis facere ; ille autem homicida erat ab initio, & in veritate non ſtetit ; quia non eſt veritas in eo. *Ibid.*

1 *A mes œuvres.* Si mihi non vultis credere, operibus credite. *Joan. 38.*

1 *La moindre iniquité.* Quis ex vobis arguet me de peccato. *Joan. c. 8.*

„ repliquérent les Pharisiens ; „ vous demandez des signes, & „ quels signes vous faut-il de plus „ que ce que vous avez vû ; je „ vous le redis, abbattez ce Temple, & dans trois jours je m'engage à le relever. Insensé, répondirent les Pharisiens, quarante-six ans entiers, ont à „ peine suffi pour élever, & perfectionner un si superbe édifice, & tu prétens le rebâtir dans „ trois jours ? Quel orgueil ! „ N'avons-nous pas bien raison „ de dire que tu n'es qu'un *Samaritain* imposteur, & que tu as „ un démon familier [1] ? Je n'eus „ jamais, répondit Jesus, de commerce avec les Démons, que

1 *Un Démon familier.* Les Juifs ne voulant pas reconnoître dans J. C. la puissance divine, attribuoient le merveilleux de ses œuvres à Satan.

„ pour les chaſſer, c'eſt au nom
„ du Dieu vivant que j'exerce ce
„ pouvoir ſur eux, mais vos fils
„ en quel nom les chaſſent-ils [1].

---

1 En quel nom les chaſſent-ils. *Filii veſtri in quo ejiciunt. Math.* 12. 27. *Joſephe. l. 8. c.* 1. 2. rapporte qu'après la mort de Salomon, les Juifs ſe ſervoient de ſon ſecret pour chaſſer les Démons; voici comme il en parle. „ Entre les livres de Salomon, il y en „ avoit qui avoient la force de chaſſer „ les Démons, ſans qu'ils oſaſſent revenir; cette maniere de les chaſſer eſt „ encore en grand uſage parmi ceux „ de notre nation, & j'ai vû un Juif „ nommé *Eleazar*, qui en la préſence „ de l'Empereur Veſpaſien, de ſes „ fils, & de pluſieurs de ſes Capitaines „ & ſoldats, délivra pluſieurs poſſedés; „ il attachoit au nez du poſſédé un „ anneau dans lequel étoit enchâſſée „ une racine dont Salomon ſe ſervoit „ à cet uſage, & auſſi-tôt que le Démon l'avoit ſentie, il jettoit le malade „ par terre & l'abandonnoit; il récitoit enſuite les mêmes paroles que

„ Pour moi, j'honore mon Pere,

„ Salomon avoit laissé par écrit, & en
„ faisant mention de ce Prince, il dé-
„ fendoit au Démon de revenir ; mais
„ pour mieux faire voir l'effet de ces
„ conjurations, il emplit une cruche
„ d'eau, & commanda au Démon de
„ la jetter par terre pour faire connoî-
„ tre par ce signe qu'il avoit aban-
„ donné ce possédé, & le Démon obéït.
„ Peut-être les plus sensés auront-ils
„ lieu de regarder ce récit comme un
„ conte. “ En effet on s'étonne que Josephe ait osé rapporter une Fable digne des Cabalistes Juifs, & puisée dans le livre apocriphe de *la Clavicule de Salomon*, rempli de revêries & de puérilités. Le pouvoir des exorcistes Juifs est mieux constaté au *19. c. 8. 13. 14. 15. & 16. des Actes des Apôtres*, où il est dit que les fils de *Sceva* Prince des Prêtres s'étant voulu ingérer d'exorciser un possédé, quoiqu'au nom du Dieu que S. *Paul* prêchoit, le Démon répondit, qu'il connoissoit *Jesus & Paul*, mais qu'il ne connoissoit pas leur pouvoir, & aussitôt le possédé se jettant sur eux, les

„ & vous me deshonorez, loin „ de chercher ma propre gloire ; „ je laisse à ce Pere juste, le soin „ de la venger ; sachez que qui-„ conque croira à ma parole, vi-„ vra avec moi d'une vie immor-„ telle. Séducteur, interrompi-„ rent les Pontifes, prétens-tu „ nous eblouir par les fausses pro-„ messes d'une vaine immortali-„ té ? Te crois-tu plus grand „ qu'Abraham[1] & les Prophètes

---

frappa, & blessa de façon qu'ils se sauverent presque nuds, & leurs habits tout déchirés par la fureur dont le Démon animoit ce possédé ; ce qui fit une telle impression tant sur les Juifs, que sur les Payens d'Ephese, que tous ceux qui s'adonnoient à la magie, apporterent leurs livres à S. Paul pour les brûler. *Act. Apost. c. 19. v. 13. & sequent.*

1 *Plus grand qu'Abraham.* Numquid tu major es patre nostro Abraham ? Quem te ipsum facis. *Joan. c. 8.*

„ qui tous ont payé le tribut à la
„ mort? de qui te fais tu descen-
„ dre? Mon Pere, repliqua modes-
„ tement Jesus, est le Dieu que
„ vous adorez; mon Pere & moi
„ ne sommes qu'un [1]. Abraham
„ votre Pere a soupiré pour voir
„ le jour de mon avénement, il
„ l'a vû; & sa joye a été comblée[2];
„ quoi, s'écriérent alors les enne-

---

1 *Ne sommes qu'un.* Ego & Pater unum sumus. *Ibid.*

2 *Sa joye a été comblée.* Parce que la foi lui ayant révélé mon avenement, il a crû & espéré; il m'a vû naître, il a connu mon tems & mes mysteres; & depuis ma naissance temporelle il a appris par les Patriarches qui sont morts, & qui sont allés au limbe, que tout ce qu'il avoit vû des yeux de la foi, s'étoit accompli à la lettre; & cette nouvelle l'a comblé de joye, par l'espérance de voir bientôt le genre humain délivré du joug du Démon. *Menoch. in Joan. c.* 8.

„ mis de l'homme Dieu, tu n'as „ pas encore atteint ton dixiéme „ lustre, & tu dis avoir vû Abra- „ ham[1] ? Hommes aveuglés, ré- „ pondit Jesus, pour la derniere „ fois je vous le dis, je suis avant „ Abraham[2], j'ai vû naître l'E- „ ternité ! "

A peine le Fils de l'Eternel a prononcé ces mots, que la colere des Pontifes & des Princes des Prêtres éclatte. Le blasphême prétendu, émeut tous les esprits ; Satan les irrite ; on s'arme de pierres[3] pour le lapider ; mais, ô pro-

---

1 *Tu dis avoir vû Abraham.* C'est ici une ironie de la part des Pharisiens, qui lui disoient, *tu n'as pas encore cinquante ans, & tu dis avoir vû Abraham qui est mort depuis deux mille ?*

2 *Je suis avant Abraham.* Amen amen dico vobis antequam Abraham fieret ego sum. *Joan. c. 8.*

3 *On s'arme de pierres.* Il étoit ordonné par la Loi de lapider les blasphéma-

dige ! leurs bras reſtent levés; une force inviſible les arrête ; & le divin Héros paſſe au milieu d'eux ſans s'émouvoir. Tel le Soleil perce à travers des nuages qui s'entaſſent pour l'obſcurcir dans ſa courſe, & la continue noblement. Tel Jeſus uniquement occupé à accomplir les myſteres de ſa vie mortelle, ſe retire de Jéruſalem avec ſes compagnons qui

---

teurs ; c'eſt pourquoi les Juifs vouloient lapider Jeſus-Chriſt comme tel, parce qu'il ſe faiſoit égal à Dieu ; on ne lapidoit perſonne, qu'après l'avoir convaincu de blaſphême devant le Souverain Pontife qui le jugeoit ; & prononçoit la ſentence de mort. Mais ici la haine des Phariſiens, paſſe par-deſſus toutes ces formalités ; on croit qu'ils coururent aux pierres hors du parvis, & que pendant ce tems là, le Sauveur eut le tems de ſe retirer, ou bien qu'il ſe rendit inviſible à leurs yeux. *Calm. Hiſt. de la vie de J. C.*

l'avoient rejoint ; ils prenent leur route par la Samarie ; ils parcourent rapidement les frontieres de Tyr ; & ils viennent par Sidon aux environs de la mer de Galilée ; par-tout, le passage du Fils de l'Eternel est marqué par quelque prodige, ou quelque bienfait ; ils approchent de Capharnaum, ville à jamais célebre par le séjour de l'homme-Dieu. Sa réputation croissant de plus en plus, les peuples des climats voisins accourent de toutes parts, pour entendre & admirer ce Dieu visible & bienfaisant. En vain pour se dérober à leurs adorations, il cachoit ses démarches, changeoit souvent de lieux, & passoit par des routes peu fréquentées ; il trouvoit toujours sur ses pas, & des malades qui venoient lui demander la santé, & des sourds, des aveugles, des paralytiques, & autres infirmes qui imploroient son secours pour leur guérison. Arrivé à Capharnaum, il n'avoit pû tromper leur vigilance ; à peine l'avoit-on vû embarquer sur la mer de Galilée, que les peuples avoient été passer le Jourdain pour l'attendre à l'autre bord. Déja cinq mille personnes l'avoient suivi dans le désert voisin de *Magedan* ; elles y attendoient l'heureux moment de le voir, & de rendre hommage à sa puissance, & d'en éprouver les effets par une guérison miraculeuse. Trois jours entiers s'étoient écoulés, depuis que le Fils de l'Eternel, retiré sur une haute montagne, s'entretenoit avec son Pere ; lorsqu'il en descendit, & qu'il vit cette multitude confuse d'hommes, de femmes, d'enfans & de vieillards, qui remplissoit la vaste plaine du désert, leur empressement ne lui déplût point ; il s'assit sur le penchant de la montagne ; ses compagnons se rangent autour de lui ; alors il annonce le regne de Dieu, & les véritables voyes de la justice, & du bonheur en ces termes. » O heureux, trois fois heureux » les pauvres d'esprit ! Ils posséderont le Royaume des Cieux. » Heureux ceux qui ont la douceur en partage ! Ils entreront » dans la véritable terre des vivans. Heureux ceux qui pleurent ! Ils seront consolés dans » des joyes éternelles. Heureux » ceux qui endurent la faim & la » soif, & qui sont altérés de la » justice ! Ils seront rassasiés dans » des torrens de volupté. Heureux » ceux qui exercent la miséricorde ! Ils l'obtiendront pour eux-mêmes. Heureux ceux qui ont » le cœur pur ! Ils verront Dieu » sans voile & sans nuage. Heu-

» reux les hommes pacifiques ! » Ils porteront le titre d'*enfans* » *de Dieu*. Heureux ceux qui » souffrent persécution pour la » justice & la vérité ! Ils acquer» ront une couronne incorrupti» ble, & regneront dans les » Cieux. Heureux vous tous ! » Lorsqu'on vous maudira, vous » calomniera, vous poursuivra, » réjouissez-vous, votre couronne » n'en sera que plus brillante » dans l'éternité. « A ces oracles ajoutant des anathêmes, il prend un ton terrible, & il crie : » Mal» heur à vous, riches de ce mon» de, qui jouissez de toutes con» solations humaines ! Malheur » à vous qui regorgez dans l'abon» dance; vous éprouverez un jour » la disette & la faim. Malheur » à vous qui êtes plongés dans » les ris & dans les fausses joyes » de ce monde ! Vous pleurerez un

» un jour amérement. Malheur » à vous qui vous enyvrés des » loüanges, & des flatteries des » hommes; vos yeux s'ouvriront, mais trop tard. Malheur » à toi, *Corrozaïn*; malheur à toi » *Bethsaïde*, villes infideles, & » sourdes à la voix de la vérité; » car si les prodiges qui ont été » opérés dans votre sein, eussent » été faits au milieu de *Tyr* & de » *Sydon*, ces villes idolâtres se fussent converties; mais toutes idolâtres qu'elles sont, elles éprouveront un jugement moins rigoureux que vous, au grand jour » des vengeances: & toi, orgueilleuse *Capharnaum*, qui élevois » ta gloire au-dessus des astres, » tu seras humiliée jusqu'au centre de la terre.

C'étoit ainsi que l'homme-Dieu instruisoit ses compagnons & les peuples. Ses paroles con-

ſoloient les juſtes, & déſeſpéroient les impies. Le miel couloit de ſa bouche adorable, & la grace accompagnoit les doux accens de ſa voix. Les peuples l'écoutoient avec une attention, & un raviſſement inexprimable. Ils avaloient avec délices ce pain de la parole divine; ils s'en repaiſſoient avec avidité; & ils négligeoient les beſoins du corps, pour nourrir leurs ames des vérités céleſtes. L'homme-Dieu ſe ſentit touché de compaſſion, de voir que depuis trois jours ces peuples ſupportoient courageuſement, & ſans ſe plaindre, les rigueurs de la faim, à laquelle ils n'avoient pas craint de s'expoſer, pour le ſuivre & l'écouter. Lorſqu'au pied de la montagne, il entrejoint ſes compagnons: "Amis, leur dit-
„ il, le ſort de cette multitude
„ m'attendrit; pluſieurs viennent

„ de Phénicie, & des frontiéres „ maritimes de *Tyr* & de *Sidon*; „ plusieurs de la *Décapole*[1], & „ beaucoup des environs de *Sichem*, il y auroit de la dureté „ à les renvoyer sans avoir pourvû à leurs besoins; je craindrois qu'ils ne succombassent[2] „ sur la route“. Puis d'un air inquiet en apparence, regardant un des siens, & lui adressant la paro-

1 *Décapole*. Ainsi on nommoit anciennement une contrée de la Galilée en Judée, à cause de dix principales villes qu'elle contenoit, appellées, *Dan*, ou *Césarée* de Philippe, *Cedos*, *Nephtalim*, *Azor*, *Cephar*, *Capernahum*, *Corasin*, *Bethzaïde*, *Jotapate*, *Tyberias* & *Bethsan*, ou *Schitopolis*. Cette contrée s'étendoit depuis le mont Liban, jusqu'à quelques lieues au-dessous de la mer de Galilée.

2 *Qu'ils ne succombassent*. Si dimisero eos Jejunos, deficient in via. *Marc. 8.*

le, " Philipe, dis-moi, où pren-
„ drons-nous[1] dequoi les nourrir?
„ Seigneur, répond Philippe,
„ deux cens deniers [2] de pain,
„ suffiroient à peine pour en dis-
„ tribuer une portion modique à
„ chacun; nous sommes éloignés
„ des villes; la saison rigoureu-
„ se qui tient les entrailles de la
„ terre fermées, l'empêche de
„ couvrir les arbres de fruits, &
„ d'étaler la fertilité de ses dons;

---

1 Où prendrons-nous. *Unde ememus panes ut saturentur hi. Joan. 6.* Jesus-Christ par cette question vouloit éprouver la foi de ses Apôtres, & prendre occasion de l'extrême disette où étoit réduit ce peuple, pour faire un miracle qui pût en même tems confirmer la foi de ses disciples, & celle des troupes qui l'avoient suivi pour entendre sa parole.

2 *Deux cens deniers.* Ducentorum denariorum panes non sufficiunt eis, *Joan. 6.*

„ Seigneur, ajoûta André, il y a ici „ un jeune homme qui arrive, por- „ tant dans un panier d'osier cinq „ pains d'orge, & deux poissons; „ mais qu'est-ce que cela pour tant „ de gens ? Il suffit, répond l'hom- „ me Dieu dont la providence „ méditoit un prodige, séparez „ cette multitude, faites-la ran- „ ger par troupes. » Aussitôt Pierre & ses compagnons partagent les troupes dans la plaine, & les font asseoir sur le gazon, dont ils forment des tables rustiques, dans l'attente d'un mets miraculeux. Les vieillards pâles & tremblans d'inanition, sont placés les premiers; les femmes abbattues & languissantes, les enfans timides couchés sur le sein de leurs meres, sont rangés à côté sur une même ligne; les hommes plus robustes à supporter la faim, sont les derniers; alors le divin Héros prenant les pains dans ses mains, & levant les yeux au Ciel, adresse cette priere à Dieu. « Souverain » des Anges & des hommes, » Dieu de Sinaï, ô mon Pere, si » à la priere de Moïse votre Mi- » nistre, vous daignâtes ouvrir » votre main libérale, & faire » pleuvoir une nourriture céleste » sur votre peuple au milieu d'un » désert stérile; accordez aujour- » d'hui à votre Fils un prodige » semblable, pour rassasier cette » multitude fidélle. » Il dit, & de sa droite benissant les pains & les poissons, il les coupe, ô prodige! ô miracle! sous sa main divine, le pain renaît [1]; les poissons se

1 *Le pain renaît.* Le gouvernement de ce monde est un plus grand miracle, que de nourrir cinq mille personnes avec cinq pains, & cependant personne n'admire cette providence journaliere. Les hommes n'admirent jamais ce

multiplient ſans nombre ; choſe impoſſible à croire ! choſe admirable à voir ! dans un inſtant les tables de gazon en ſont couvertes ; chacun mange à ſon aiſe, & ſe repaît des dons de l'homme-Dieu [1] ; avec la nourri-

---

qui eſt plus admirable & plus grand ; mais ce qui eſt plus rare. Qui nourrit donc aujourd'hui tout ce vaſte univers, ſi ce n'eſt celui qui de peu de grains, crée des moiſſons innombrables? Jeſus-Chriſt fait la même choſe que Dieu. Par la même puiſſance que Dieu fait ſortir des moiſſons de peu de grains, Jeſus-Chriſt multiplie cinq pains dans ſes mains. Ces pains étoient comme des ſemences non confiées au ſein de la terre pour les reproduire, mais multipliées par celui qui a fait la terre. *Hom. S. Aug. Tract. 24. in Joan.*

1 *Se repaît des dons de l'homme-Dieu.* Ubique igitur myſterii ordo ſervatur, ut priùs per remiſſionem peccatorum vulneribus medicina tribuatur, poſt alimonia menſæ celeſtis exuberet : quamquam nondum validioribus hæc turba

ture chacun reprend ses forces ; la joye & la reconnoissance brillent dans les yeux de tous ; & lorsque la multitude est rassasiée, les compagnons de Jesus desservent les tables ; & des fragmens copieux, ils emplissent douze corbeilles.

Un bienfait si signalé, étoit une preuve bien autentique du pouvoir du divin Héros; aussi la reconnoissance agissant sur les cœurs de ces peuples arrachés à une cruelle faim, on les voit s'assembler en foule. Déja les plus considérables tiennent conseil ; on

reficiatur alimentis, neque Christi corpore & sanguine Jejuna solidioris fidei corda pascantur, *Lacte inquit, vos potavi, non esca. Nondum enim poteratis, sed nec adhuc quidem potestis.* In modum Lactis quinque sunt panes : esca autem solidior, corpus est Christi : potus vehementior, sanguis est Domini. *Ambr. lib. 6. in Luc. c. 9.*

opine debout ; les vieillards appuyés contre les arbres ; on délibere de choisir Jesus pour Roi ; un des chefs prenant la parole, en fait la proposition en ces termes :

» Galiléens, Phéniciens, Samaritains, habitans de la fertile Palestine, chefs de famille, de quelque nation que vous soyez ; vous tous qui venez d'éprouver les effets de la bonté toute puissante du Fils de l'Eternel, pouvez-vous reconnoître un autre Maître que lui ? La reconnoissance nous permet-elle de vivre sous d'autres loix, que celles de ce Dieu visible ? Qu'hésitons-nous à lui offrir le Diadême ? Est-il un homme plus digne de regner ? Le Ciel dont il a en main la puissance, ne nous indique-t'il pas le Roi qu'il nous destine ? Allons à ses

» genoux le conjurer, le supplier » d'accepter la Couronne; & pré» venons qu'il n'échappe à nos » justes empressemens. «

Le sage vieillard se tût, & aussitôt mille cris, & mille acclamations firent retentir les airs; » Vi» ve le Fils de l'Eternel, que Jesus » Dieu tout-puissant soit notre » Roi. « Alors on court à lui; on l'environne; les vieillards vénérables par leur candeur, & par la sagesse qui brille sur leurs fronts ornés de cheveux blancs, se prosternent à ses pieds : » Seigneur, „ lui disent-ils; ces peuples tou„ chés de vos bienfaits, ne veu„ lent vivre que sous vos loix; „ daignez les mettre au rang de „ vos sujets; celui qui est partagé „ d'assez de bonté pour les ren„ dre heureux, & d'assez de puis„ sance pour les protéger, & les „ défendre, mérite seul de regner

„ ſur les hommes. « Loin d'être flatté de leur hommage, le Fils de l'Eternel leur répond ſévérement, » Hommes aveugles, juſ-
„ ques à quand jugerez-vous ſur
„ l'apparence ? Eſt-ce ainſi que
„ vous prétendez me prouver vo-
„ tre gratitude ? Vous m'offrez le
„ Trône, & une Royauté périſſa-
„ ble, dont vous ne connoiſſez ni
„ le poids, ni les embarras ? Eſt-
„ ce à vous à en diſpoſer ? Les
„ Sceptres & les Couronnes ne
„ ſont-elles pas dans la main de
„ Dieu ? Son regne, qui eſt le re-
„ gne par excellence [1], eſt au mi-
„ lieu de vous [2]. Peuples géné-

1 *Le Regne par excellence*. Quoniam Domini eſt Regnum, & ipſe dominabitur gentium. *Pſalm.* 21. Regnum tuum, Regnum omnium ſæculorum. *Pſalm.* 144. v. 19.

2 *Eſt au milieu de vous*. Regnum Dei intra vos eſt. *Luc.* c. 17. 20. 21.

„ reux, restez donc soumis aux „ puissances que le Ciel a placé „ sur vos têtes; fussent-elles ido- „ lâtres [1], vous leur devez l'obéis- „ sance. Le Dieu vivant dont je „ tiens le jour, m'a donné l'Empi- „ re du monde entier; je ne veux „ regner que sur les cœurs; je les „ gouverne d'une maniere invi- „ sible; c'est par moi que les Rois „ regnent [2]; ils ne sont que mes „ Lieutenans; obéissez donc à „ leurs ordres, respectez leur „ pouvoir, & vous serez sous le „ sceptre de ma Providence. « A ces mots l'humble Fils de Marie se dégage de la foule, & fuit

---

1 *Fussent-elles idolâtres.* Subditi estote in omni timore, Dominis non tantum bonis & modestis, sed etiam discolis. *1. Petri.* 2.

2 *Les Rois regnent.* Per me Reges regnant. *Proverb. 8. 15.*

ſur la montagne [1] voiſine. C'eſt ainſi que l'aigle généreux mépriſant les traits impuiſſans des chaſſeurs qui s'efforcent de l'atteindre, ne regarde que la face du ſoleil qui eſt ſon objet. Les vieillards & les peuples, ſaiſis d'admiration, ſuivent de leurs regards le divin Héros fuyant l'orgueil du trône. Ses refus excitent un murmure général. Satan qui avoit ſuivi l'homme-Dieu à Capharnaum & dans le déſert, où il avoit été le témoin du miracle de la multiplication des pains, Satan avoit inſpiré aux peuples de le faire Roi pour pouvoir enſuite le déférer comme rébelle, & uſurpateur de la puiſſance de Céſar; Satan ſe

1 *Sur la montagne.* Jeſus ergo cum cognoviſſet quia venturi eſſent ut raperent eum, Regem, fugit iterum in montem, & façerent ipſe ſolus. *Joan.* 6.

voyant donc trompé dans cet espoir, par la sage conduite de Jesus, insinue à plusieurs qu'il faut l'obliger par des instances réïtérées, & même le contraindre par la force à accepter le diadême; mais les vieillards pleurans de joye, & touchés de la morale de ce Dieu modeste, autant que du prodige qu'il a fait en faveur de tant de peuples, leur persuadent de ne point lui faire violence, de se soumettre à ses ordres, & de retourner chacun dans leur patrie.

Déja les troupes abbandonnoient successivement le désert; dispersées par bandes elles reprenoient chacun la route de leur pays. Déja l'homme-Dieu, nouveau Moïse, étoit retourné sur la montagne, & puisoit dans l'entretien de son Pere, cette force divine dont il avoit besoin pour l'accompliſſement de ſes hauts myſteres ; lorſqu'appellant à lui ſes compagnons, » Allez, leur » dit-il, embarquez-vous ſur la » mer de Tibériade, je vous re- » joindrai avant le lever de l'au- » rore. « A cet ordre ſes compagnons s'inclinent, & partent en diligence ; ils s'embarquent, ils mettent à la voile dans l'intention de gagner le port de Bethſaïde ; Pierre dirige le gouvernail, Satan les ſuit pour leur tendre des piéges ; ravi de les voir éloignés du Maître puiſſant qui les a ſauvé du premier nauffrage, il ſe propoſe de les faire tous périr. Alors oubliant la honte qu'il a eue de ſuſciter une tempête impuiſſante contre le Fils de Dieu, il crie aux eſprits Aëriens de ſoufler, & d'en exciter une nouvelle : auſſitôt ces eſprits malfaiſans, ſe diſpoſent à ſervir Satan ; déja le Soleil qui venoit de se coucher dans des nuages rouges, présageoit une espéce de bourasque ; en effet vers les deux heures de nuit, un vent contraire se fait sentir. Pierre ordonne la manœuvre ; on essaye en vain de surmonter le vent, & de regagner le port à force de rames. On avoit passé la quatriéme veille [1] de la nuit dans des efforts inutiles ; on commençoit à craindre ; Pierre & ses compagnons invoquoient leur Maître, & l'appelloient à leur secours par leurs cris, lorsqu'à la

---

1 *La quatriéme veille.* Les Anciens avoient divisé la nuit en quatre parties égales de trois heures chacune, & les nommoient *veilles.* La premiere commençoit au Soleil couché, & ainsi des autres. La quatriéme finissoit avec le jour. C'étoit particulierement dans le militaire, que cet usage de partager la nuit étoit établi. *Exod.* 14. 1. *Reg.* 11.

ſaveur du crépuſcule du jour, ils entrevirent tout-à-coup un horrible Phantôme [1], dont la taille étoit auſſi monſtrueuſe que la figure, ſuivi de mille ſpectres hideux & ambulans qui paroiſſoient vouloir fondre ſur eux; alors ces pauvres gens pouſſent mille cris de frayeur; c'étoit Satan & ſes Démons qui vouloient achever de les troubler, & de les faire périr, en leur faiſant abandonner la manœuvre; mais ce Prince des ténebres & ſes eſprits impurs, furent bientôt diſſipés à l'approche de *Jeſus* leur vainqueur, qui s'avançoit mar-

---

1 *Un horribe phantôme.* Videntes eum ſuper mare ambulantem, turbati ſunt dicentes, *quia phantaſma eſt*: & præ timore clamaverunt, ſtatimque Jeſus locutus eſt eis, dicens, habete fiduciam, ego ſum, nolite timere. *Math.* 14.

chant ſur les flots ; ſa longue robe flottoit au gré des vents, & quelques irritées que fuſſent les vagues, le Dieu homme paroiſſoit ſupérieur, & marchoit avec aſſurance. Pierre, dont l'amour guidoit le diſcernement, fut le premier à reconnoître ſon divin Maître ; mais Satan qui n'avoit pû lui faſciner les yeux, le porta à douter dans ſon ame, ſi ce Maître adorable auroit le pouvoir de le faire marcher ſur la mer ; alors il s'écria : » Seigneur, ſi c'eſt vous, faites » que les eaux deviennent fermes & ſolides ſous mes pieds, » & que j'aille à vous « [1]. Approche Pierre, lui répondit

1 *Que j'aille à vous.* Reſpondens autem Petrus dixit, Domine ſi tu es, jube me ad te venire ſuper aquas *Math.* 14.

Jesus, incontinent s'élançant du navire dans la mer, Pierre marche sur les flots ; mais un coup de vent furieux élevant de nouvelles vagues, la peur le saisit, le péril le glace d'effroi ; il se repent de s'être engagé si legérement, il doute que l'homme-Dieu ait le pouvoir de le tirer de ce mauvais pas ; à l'instant pour punir ce doute injurieux, la main invisible qui le soutenoit, se retire ; l'onde n'est plus solide ; Pierre enfonce ; son corps est à moitié dans les eaux ; il alloit périr ; lorsque s'écriant d'une voix forte, » Ah ! Seigneur, Seigneur » sauvez-moi, je péris [1] ? L'hom-

1 *Sauvez-moi, je péris.* Jesus-Christ permit que S. Pierre craignit, & s'enfonça, de peur que le miracle de marcher sur les eaux ne l'enorgueillit, *disent S. Chrisostome* & *Theophilacte.* Il est insen-

me Dieu étend sa main secourable, & le tirant à lui, » Homme de peu de foi, pourquoi avez » vous douté? « En achevant ce tendre reproche, il l'enleve du sein des ondes, & remonte avec lui dans le navire. L'orage est dissipé par sa présence; ses compagnons joyeux de le revoir, continuent leur navigation, & le rivage ne tarde pas à s'offrir à eux; ils débarquent sur la côte de Galilée à peu de distance de Tarichée. Dès qu'ils sont abordés, ils servent un repas champêtre, & frugal de fruits secs, & de poissons rôtis sur le rivage. Après

---

siblement abandonné à la tentation, *dit S. Jerôme*, afin que sa foi s'augmente, & qu'il comprenne que c'est moins à la vivacité de sa priere, qu'à la toute-puissance de Dieu qu'il doit sa conservation. *Hieron. in Comment.*

quoi l'homme-Dieu, & ses compagnons reprenent leur route par terre; ils approchoient de la ville de *Cana* en Galilée, & déja vers eux s'avançoit une femme grande & majestueuse; à son air & dans ses yeux, on jugeoit aisément qu'elle rouloit de grands desseins. Satan les lui inspiroit pour tenter l'homme-Dieu; elle étoit la mere des enfans de *Zébédée*[1]; lorsqu'elle fut proche de

1 *La mere des enfans de Zébédée*. Cette femme s'appelloit *Salomé*, elle s'étoit mise à la suite du Sauveur, peut-être après la mort de son mari *Zébédée*. Comme elle étoit proche parente de la Sainte Vierge, & par conséquent de Jesus-Christ, elle crut être en droit à cause de la parenté, de demander pour ses fils quelque prééminence au-dessus des autres Apôtres. Depuis quelque tems le Sauveur avoit entretenu ses Apôtres de sa résurrection, & de son regne, comme d'une chose très-prochaine. Ainsi *Salo-*

Jesus, se prosternant avec eux à ses pieds, » Seigneur, lui dit-elle „ en l'adorant, puisque votre „ Royaume va commencer, & „ que les grandes actions qui „ l'annoncent, en jettent les fon- „ demens ; vous voyez une mere „ suppliante pour ses fils ; daignez „ écouter ma priere : la veuve de „ *Naïm* a pû obtenir de vous la „ vie de son fils unique qu'on „ portoit au tombeau ; une ido- „ lâtre *Chananéenne* a pû vous flé- „ chir par ses importunités, & „ vous engager à délivrer sa fille „ du Démon qui la tourmen- „ toit ; je ne vous demande pas „ des prodiges de cette espéce ;

---

mé poussée par son amour & sa tendresse maternelle pour ses enfans, ne jugea pas à propos de différer à faire cette demande à Jesus-Christ. *Calm. Hist. de la vie de J. C.*

» pour m'exaucer, il ne faut forcer » ni la mort, ni les Enfers ; la » grace que je sollicite aujour- » d'hui à vos pieds, dépend d'un » seul mot de votre bouche ado- » rable ; dites, Seigneur, dites » seulement que mes deux fils » qui vous suivent, occupent » les premieres places de votre » Royaume [1], & que l'un soit

---

1 *De votre Royaume.* Quod igitur nihil spirituale petebant, nec de cœlesti Regno quidquam cogitabant, perspicuum est. Sed tamen inspiciamus etiam, quomodo accedant, & quid dicant, *volumus, inquiunt, ut quodcumque petierimus, facias nobis.* Ad quod Christus, quid vultis ? respondit non ignorans certè, sed ut eos respondere cogat & ulnus detegat, & ita medicamentum apponat : illi vero cùm erubescerent, & verecundia prohiberentur : quoniam humano affectu eo devenerant, seorsum ab aliis discipulis Christum accipientes, interrogaverunt. Progressi sunt

» assis à la droite, & l'autre à la
» gauche du trône de votre divi-
» nité. Fils indiscrets[1] d'une mere
» trop empressée, votre ambition

---

enim, inquit, ne illis manifesti fieri, & ita demum ea quæ volebant dixerunt; volebant autem, ut ego conjicio, quoniam super duodecim sedes sessuros discipulos audierunt, primatum hujus consessus impetrare, & proponi quidem se cœteris sciebant; Petrum vero sibi præferri formidantes, dicere ausi sunt, *dic ut unus à dextris, alter à sinistris sedeat*, & urgent dicentes, *Diç.* Chrisost. *Hom. 66. in Math.*

1 *Fils indiscrets.* dans *S. Mathieu*, c'est la mere des enfans de *Zébédée*; & dans *S. Marc*, ce sont ces mêmes fils *Jacques* & *Jean* qui s'adressent à Jesus-Christ, pour lui demander les deux premieres places dans son Royaume. La chose n'implique pas contradiction; *Jacques* & *Jean* étoient avec leur mere; & c'étoit elle qui portoit pour eux la parole à Jesus-Christ. Ainsi ce Sauveur ne répond point à cette femme, mais à ses fils.

» est

» est aveugle, répondit l'homme-
» Dieu ; vous ne sçavez ce que
» vous demandez [1], pouvez-vous

---

1 *Ce que vous demandez*. Quid igitur ipse, ut significaret eos nihil petere spirituale, sed nescire quidem quid postulent, non enim petere auderent, si scirent, *nescitis*, ait, *quid petistis*: nescitis quàm magnum hoc sit, quàm mirabile, ac ipsas superiores excedens virtutes, & adjecit, *potestis bibere Calicem quem ego bibiturus sum, & baptismo quo ego baptisor, baptisari?* Perpendis quomodo statim ab hac opinione ipsos removit, contraria eis differens; nam vos, inquit, de honoribus & de coronis mecum agitis, ego vero de luctamine atque sudore differo, non præmiorum hoc tempus est, nec illi gloria mea modo apparebit, sed cædis ac periculorum tempus præsens est. Perspice autem qualiter ipso interrogationis modo, & hortatur, & allicit. Non enim dixit, potestis-ne cædem subire? Potestis-ne vestrum effundere sanguinem; sed quonam pacto potestis bibere Calicem? Deinde alliciens, inquit, quem ego bi-

» boire le Calice[1] que je boirai?
» Seigneur, répondirent sans hésiter, les fils imprudens d'une mere trop ambitieuse, Seigneur, nous le pouvons; je veux croire, repliqua l'homme-Dieu, que vous auriez le courage de boire à mon Calice, & d'essuyer les épreuves par lesquelles je dois passer; mais apprenez qu'il n'est pas en mon pouvoir de vous accorder votre demande. Mon Pere s'est réservé le choix de mes Minis-

biturus sum, ut ipsâ cum eo communicatione laborum, promptiores redderentur. *Chrisost. Hom. 66. in Math.*

1 *Boire le Calice.* Par ce mot de *Calice*, l'Ecriture entend la Passion, & les souffrances; ainsi que Jesus-Christ en son agonie dit à son pere: mon Pere, que ce Calice passe loin de moi. *Hieron in Math. l. 3.*

» tres ; & les premieres places de » mon Royaume ſont deſtinées à » ceux, que les décrets immuables, ont élus de toute éternité [1]. «

Jeſus ſe tût ; & auſſitôt ſes dix autres compagnons, indignés de l'ambition des *Boanerges*, éclatérent en murmures, particuliérement *Iſcariot*, qui formoit ſecrettement des prétentions aux premiers emplois du Royaume futur du *Meſſie*. Pierre profita de cette conjoncture pour adreſſer ſes

---

1 *Elus de toute éternité*. Jeſus-Chriſt parle ici du myſtere de la prédeſtination gratuite, que S. Paul explique en ces termes : *Nam quos præſcivit & prædeſtinavit conformes fieri imaginis filii ſui, ut ſit ipſe primogenitus in multis fratribus. Quos autem prædeſtinavit, hos & vocavit ; & quos vocavit, hos & juſtificavit ; quos autem juſtificavit, illos & glorificavit*. Rom. c. 8.

vœux, & ces paroles à son divin Maître au nom de tous. « Sei-
» gneur, nous avons vû jusqu'ici
» vos bienfaits s'étendre indiffé-
» remment sur tous les hommes;
» par vous les deux aveugles de
» *Jéricho* ont recouvré la lumie-
» re, de même que *l'aveugle-né*
» à la porte du Temple; les *dix*
» *lépreux de Cariclée*, ont reçu la
» santé; les malades ont été gué-
» ris; les morts ont été rappellés
» à la vie; des milliers de person-
» nes de tout âge, & de tout sexe,
» ont été comblés de vos gra-
» ces; serons-nous les seuls qui
» n'y participerons point? Nous
» avons tout quitté pour vous sui-
» vre [1], vous le sçavez, Seigneur,

1 *Tout quitté pour vous suivre.* Grande confiance, *s'écrie S. Jerôme*, Pierre étoit pêcheur de profession; il étoit pauvre, il ne possédoit rien, il gagnoit sa

» les plaintes de nos peres, les » regrets de nos amis, les larmes » de nos épouſes, & les cris de » nos enfans, n'ont pû nous » émouvoir, & nous retenir : nous » vous avons ſuivi avec autant » de fidélité, que de conſtance ; „ quelle récompenſe nous aſſi- „ gnez-vous ? Amis, leur répon-

---

vie par le travail de ſes mains, & à la pêche, & cependant il oſe dire avec aſſurance, *Seigneur nous avons tout quitté.* De quoi ſe glorifie-t-il ? *Crates* le Philoſophe & beaucoup d'autres l'ont fait avant lui. Il eſt de l'eſſence du Philoſophe de mépriſer les richeſſes ; mais comme il ne ſuffit pas du ſacrifice de ſes biens pour en demander la récompenſe, *Pierre* ajoûte, ce qui met la perfection à ce ſacrifice ; *nous vous avons ſuivi* ; ce qui eſt le propre des Apotres, des fideles, & des vrais croyans de ſuivre Jeſus-Chriſt après avoir tout quitté pour lui. *Hom. Hieron l. 3. in Math. c. 19.*

„ dit Jesus, je sçai tout ce que „ vous avez fait pour moi; je „ connois l'amour qui vous attache à ma personne, & le zèle „ qui vous fait endurer tant de „ fatigues, de travaux & de courses; voici donc le prix que je „ vous destine; lorsque le Fils de „ l'Homme sera assis sur le trône „ de sa Majesté, & que toutes „ les Nations de la terre paroîtront devant mon tribunal, „ comme Monarque & Juge „ Eternel; alors vous serez exaltés avec moi, & assis à mes côtés dans douze siéges brillans, „ je vous conférerai la puissance „ de juger les douze Tribus d'Israël; & vous recevrez de ma „ main le centuple [1] de tous les

1 *Centuple.* Plusieurs ont pris occasion de ce mot de publier qu'il y aura un regne de Jesus-Christ sur la terre

„ biens que vous avez quitté pour
„ moi, dans le ſein d'une heu-
„ reuſe immortalité. "

C'étoit par de telles promeſſes que le Fils de Dieu encourageoit ſes Diſciples. Ils étoient déja arrivés aux environs de *Céſarée* de *Philippe*; lorſque le divin Héros

---

pendant mille ans : alors, diſent-ils, nous recevrons le centuple de tout ce que nous aurons quitté. Hommes charnels ! ils ne comprennent pas que ſi cette promeſſe de rendre le centuple a quelque choſe de digne, il y a de la turpitude à croire que qui ſe ſera abſtenu du mariage, & privé d'une femme, en aura cent en partage dans l'autre vie. Quelle illuſion; l'eſprit de cette promeſſe divine ne porte ſur rien de charnel; cet eſprit eſt, que celui qui aura mépriſé les choſes terreſtres, recevra la plénitude des dons ſpirituels, & des biens inéfables, dont l'abondance ſera telle, que le nombre de cent contre un, paroît encore foible dans ſa comparaiſon. *Hom. S. Hieron l. 3. in Math. c. 19.*

les interrogea : " Compagnons, „ que dit-on du Fils de l'Homme? „ pour qui le prend-on? Seigneur, „ lui répondirent ses Apôtres, les „ uns disent que vous êtes Jean-„ Baptiste [1] ressuscité ; les autres „ Elie, quelques-uns Jéremie, „ & tous généralement un des „ anciens Prophètes. Et vous, „ ajouta t'il, qui croyez-vous que „ je suis ? Vous êtes le Fils du „ Dieu vivant, répondit Pierre

1 *Vous êtes Jean-Baptiste.* Les Juifs, particulierement les Pharisiens qui étoient le plus grand nombre, croyoient de l'aveu même de *Josephe l'Historien & Pharisien*, que les ames transmigroient d'un corps dans un autre après la mort ; & cette opinion inventée par *Pytagore*, s'appelloit la *Métempsycose.* Ainsi plusieurs croyoient que Jesus étoit *Jean-Baptiste* ressuscité, ou *Elie* rajeuni, ou *Jerémie* dans un nouveau corps. *Joseph. de Bell Jud. l. 2. cap. 7.*

„ au nom de tous ; ô heureux Si-
„ mon-Pierre, reprit Jesus, heu-
„ reux[1], & trois fois heureux
„ de ce que la chair & le sang
„ ne t'ont point révélé mon ori-
„ gine, & mes grandeurs ; mais
„ mon Pere qui est dans les
„ Cieux. Et moi je te dis, tu es
„ Pierre[2], & c'est sur cette pier-

---

1 *Heureux*. Idest, ideo beatus es quia Pater meus te docuit, nec terrena opinio te fefellit ; sed inspiratio cœlestis instruxit, & non caro & sanguis, sed ille me tibi, cujus sum unigenitus filius, indicavit. *S. Leon Serm. 3. in Anniversf. Assumpt. suæ.*

2 *Tu es Pierre*. Sicut Pater meus tibi manifestavit Divinitatem meam, ita & ego tibi notam faciam excellentiam meam, quia tu es Petrus, idest, cum ego sim inviolabilis petra, ego lapis angularis qui facio utraque unum, ego fundamentum, præter quod nemo potest aliud ponere, tamen tu quoque petra es, quia mea virtute solidaris, &

„ re[1] que je bâtirai mon Eglise ;
„ je te donnerai les clefs[2] du
„ Royaume des Cieux, & la puis-

---

quæ mihi potestate sunt propria , sint tibi mecum participatione communia. *Ibid.*

1 *Et sur cette pierre.* Et super hanc, inquit , fortitudinem , æternum extruam Templum , & Ecclesiæ meæ Cœlo inseranda sublimitas , in hujus fidei, firmitate consurget. *Ibid.*

2 *Je te donnerai les clefs.* Transivit quidem etiam in alios Apostolos vis potestatis hujus , & ad omnes Ecclesiæ Principes decreti hujus constitutio commeavit ; sed non frustrà uni commendatur , quod omnibus intimatur. Petro enim ideo hoc singulariter creditur , quia cunctis Ecclesiæ Rectoribus, Petri forma præponitur. Manet ergo Petri privilegium , ubicumque ex ipsius fertur æquitate judicium. Nec nimia est vel severitas, vel remissio , vel nihil erit ligatum , nihil solutum , nisi quod beatus petrus aut solverit, aut ligaverit. *Ibid.*

„ sance de lier & de délier sur la „ terre & dans le Ciel “. A une si flatteuse promesse, Pierre se prosterne aux pieds de l'homme-Dieu, & l'adore en les embrassant. Satisfait de cette glorieuse confession de sa divinité, Jesus leur défend de la publier [1]; & il continue sa route; ses Compagnons éblouis des éclatantes promesses qu'il leur a fait, s'entretenoient des grandeurs de son régne futur; & déja une cupidi-

1 *Leur défend de la publier.* Pourquoi le Fils de Dieu défend-il de publier la qualité de *Messie*. C'est, dit *S. Luc. c. 9. 21. 22.* parce que le Fils de l'homme doit être exposé aux souffrances, & aux mépris des Juifs, qu'il doit être rejetté par les Scribes & par les Pharisiens, & enfin de peur que la connoissance que l'on auroit qu'il étoit le *Messie*, n'empêchât sa passion & sa mort. *Calm. Hist. de la vie de J. C.*

té terrestre, les portoit à disputer entre eux du rang, & de la préséance, & qui seroit le plus grand en dignité. L'homme-Dieu les entendit, & les reprit en ces termes. " Hommes vains, pourquoi tous ces débats ? Les Rois
„ des Nations [1] dominent impé-
„ rieusement sur leurs Peuples ;
„ il est chez eux des degrés de
„ grandeur, qui établissent l'au-
„ torité des uns, sur les débris de
„ la liberté des autres ; il n'en sera
„ pas de même parmi vous ; car
„ dans mon Royaume, celui qui
„ par un fol orgueil, voudra s'é-
„ lever sur ses égaux, sera humi-
„ lié jusqu'à devenir leur servi-

Les Rois des nations. Reges gentium dominantur eorum, & qui potestatem habent super eos benefici vocantur, vos autem non sic, sed qui major est in vobis, fiat sicut minor. *S. Luc.* 22. 25.

„ teur & leur esclave; vous serez „ donc tous freres, & vous ne re- „ connoîtrez pour Pere, & pour „ Maître, que le Roi éternel qui „ vous gouverne du haut des „ Cieux. "

Fin du cinquiéme Chant.

SOMMAIRE

DU SIXIE'ME CHANT.

TRANSFIGURATION de Jesus-Christ sur le Thabor, gloire éclatante de Dieu. Surprise des Apôtres; Apparition de Gabriel qui leur explique ce mystere, & raconte ce qui en fait le sujet, en remontant jusqu'à la rébellion des Anges, la création du monde, celle de l'homme, sa prévarication, sa punition, sa réparation, la médiation du Verbe, son incarnation, sa naissance, & la ratification du traité conclu dans le Ciel entre lui & son Pere, qu'il vient faire sur le Thabor dans sa chair mortelle. Fin de la Transfiguration. Nouveau conseil des Démons, où l'on délibere sur les moyens d'empêcher les peuples de croire en Jesus-Christ; de le perdre dans leurs esprits, & de les porter à la cruauté.

LA CHRISTIADE. *Chant VI.*

C. Eisen inv et f. 1753. *P. Chenu Sculp.*

C. Eiſen inv. et f. 1763. P. Chenu Sculp.

CHANT VI.

CEPENDANT la nuit portée ſur les aîles des ſonges, arrivoit des montagnes de Gelboë [1], & déployoit inſenſiblement ſes crêpes noirs ſur la face de toute la terre; L'homme-Dieu ſuivi de ſes Compagnons, s'avançoit à

---

1 *Gelboë*: Montagnes célébres par la défaite de Saül, & par la malédiction dont David les chargea.

grands pas vers le Thabor[1], méditant un projet digne de son auguste naissance. Déja il étoit par-

1 *Thabor*. Montagne de Galilée à sept milles de Nazareth, du côté de l'Orient. Elle a la forme d'un pain de sucre ; sur son sommet qui paroît se terminer en pointe, il y a une place de 2500. pas de circuit, sur laquelle il y a eu des bâtimens dont les ruines se voyent encore. Entre ces ruines sont celles d'une grande Eglise que Sainte *Hélene* fit bâtir, selon le rapport de *Nicéphore*, à la place où Jesus-Christ se transfigura ; on y voit trois Tabernacles en trois Chapelles. Celle du milieu marque la vraye place où étoit Notre Sauveur pendant sa transfiguration ; & les deux autres, à droite & à gauche, sont celles qu'occupoient *Moïse* & *Elie*, qui étoient à ses côtés. Tout ce lieu est présentement sous terre, & si obscur qu'on ne peut plus y rien voir, sans porter de la lumiere. Les Religieux de *Nazareth* y vont néanmoins célébrer tous les ans la Messe au sixiéme Août, jour de la transfiguration de N. S.

venu au pied de cette montagne dont le ſommet ſemble ſe perdre dans les Cieux, lorſque s'arrêtant il donne de nouveaux ordres à ſes Diſciples. Vous, *Pierre*, *Jacques* & *Jean*, leur dit-il, vous me ſuivrez; & vous, amis fidéles attendez ici notre retour ſans inquiétude. A ces mots il monte les ſentiers eſcarpés du Thabor; la marche eſt pénible; ils arrivent au ſommet: la nuit touchoit preſque au milieu de ſa courſe; tout dormoit: le ſilence régnoit ſur les ombres, & les ombres voiloient tous les objets. Recueilli en lui-même, le Fils de l'Eternel court ſans délai s'entretenir avec ſon Pere; il ſe place ſur la pointe la plus élevée de la montagne: ſes trois Compagnons s'éloignent par reſpect. Alors il éleve les yeux & les mains vers le Ciel, il prononce ſa priere; il appelle ſon Pere, & ſon Pere l'entend. A l'inſtant ſans bruit & ſans effort, un torrent de lumiere pure ouvre les Cieux, & écarte au loin les ténèbres. La face de Jeſus devient ſemblable au Soleil ; les clartés ineffables [1] qui s'en échappent, forment un arc radieux qui annonce la divinité. Ses vêtemens deviennent plus éclatans que la neige du Selmon [2]. Il en

---

1 *Les clartés ineffables.* On demande quelle raiſon avoit le Sauveur de ſe transfigurer. Les PP. en donnent deux principales. La premiere pour accomplir la promeſſe qu'il avoit fait à ſes diſciples, de leur faire voir la gloire de ſa majeſté, afin de les affermir dans la créance où ils étoient, qu'il étoit le vrai Meſſie ; & la ſeconde pour les prévenir contre le ſcandale de ſa paſſion & de ſa croix. *Calmet. Hiſt. de la vie de J. C.*

2 *Selmon.* Montagne de Paleſtine dans la Tribu d'Ephraïm, à peu de diſtance de la Tour de Sichem, elle étoit

ſort une odeur de parfum ſuave, telle que la terre, & ſes plus douces fleurs réunies enſemble, ne peuvent exhaler. Sa taille ceſſe d'être humaine, une majeſté redoutable couvre entiérement ſa perſonne ſacrée, en lui tout eſt Dieu; tel il étoit avant que la miſéricorde eût caché ſa divinité ſous le voile d'un corps mortel. Pierre, & les fils de Zébedée éblouis de tant de gloire ne peuvent la ſoutenir; leurs foibles yeux ſe refuſent à tant d'éclat; ils tombent la face contre terre, une religieuſe frayeur les y retenoit, lorſqu'un eſprit céleſte leur fit entendre ces paroles.

Fortunés Galiléens, raſſurez-vous, & ceſſez d'être ſurpris; l'é-

---

entourée d'arbres toujours verds, & la neige couvroit continuellement ſon ſommet.

vénement qui se passe aujourd'hui dans le Ciel n'est point un mystere terrible, c'est un mystere d'amour & de grace, qui ne peut que vous y affermir [1]; levez les yeux & comprenez-en la noblesse. Le Fils de l'Eternel dont vous êtes les amis fideles, ne revêt en ce

---

1 *Vous y affermir.* In quâ transfiguratione illud quidem principaliter agebatur, ut de cordibus discipulorum, crucis scandalum tolleretur, nec conturbaret eorum fidem voluntariæ humilitas passionis quibus revelata esset absconditæ excellentiæ dignitatis. Confirmandis vero Apostolis & ad omnem scientiam provehendis, alia quoque in illo miraculo accessit instructio. Moyses enim & Elias, Lex scilicet & Prophetæ, apparuerunt cum Domino loquentes, ut verissime in illo quinque virorum præsentia compleretur quod dictum est, *in duobus, aut tribus testibus stat omne verbum.* S. Leon Pap. Serm. de transfigur.

jour l'éclat de sa divinité, que pour paroître au trône de son Pere, égal & consubstantiel [1] à lui, & y ratifier dans sa chair mortel-

---

1. *Egal & consubstantiel. Qui est de la même substance.* Ce terme fut choisi & adopté par le Concile de *Nicée* pour exprimer la doctrine de l'Eglise avec plus de précision, & pour servir de barriere & de précaution contre les erreurs, & les surprises des *Ariens*, dont il fut véritablement l'écueil; parce qu'il attaquoit l'erreur dans sa source, & qu'il prevenoit toutes leurs distinctions & leurs subtilités. Ce terme de *consubstantiel* avoit été rejetté par le Concile d'*Antioche* qui condamna *Paul de Samosate*. Selon *S. Athanase*, ce mot de *consubstantiel* ne fut condamné par le Concile, qu'autant qu'il renferme l'idée d'une matiere *pré-existante & antérieure* aux choses qui ont été formées, & qu'on appelle *co-essentielles*. & c'est en ce sens que le Pere & le Fils ne sont point *consubstantiels*, parce qu'il n'y a point de matiere *préexistante*,

le, le célebre traité qu'il conclut de toute éternité pour la Rédemption de l'homme. *Moïse* & *Elie* à ses côtés [1], n'y sont que comme deux illustres témoins de l'alliance nouvelle [2] qui réunit tous les

1 *Moïse & Elie à ses côtés. Moïse* sortant du lymbe, se revêtit d'un corps tel que les Anges ont coutume de prendre pour se rendre visibles. *Elie* y fut amené en corps & en ame du Paradis terrestre, ou de quelqu'autre lieu où il étoit, par un Ange. *Moïse* parut donc dans la transfiguration comme promulgateur de la Loi ancienne; & *Elie* comme Prophète. Ils y adorerent le *Christ*. 1°. Afin que ses disciples comprissent qu'il étoit le Dieu de *Moïse* & *des Prophètes*, & non *Elie*, ou *Jérémie*, ou *Jean-Baptiste* ressuscité comme le peuple le croyoit. 2°. Afin qu'ils reconnussent que la Loi & les Prophètes lui rendoient témoignage; & enfin pour leur donner une idée de son second avenement que *Moïse* & *Elie* doivent précéder. *Menoch. in Math. c. 17.*

2 *Témoins de l'alliance nouvelle.* Per

Oracles [1] en la perſonne du *Meſſie;* ils lui rendent hommage en ſa qualité de Légiſlateur ſuprême, qui ſans détruire l'alliance ancienne, vient la confirmer & la

---

Moyſem ſignificatur *Lex* ; per *Eliam* ſignificantur *Prophetæ ;* per *Dominum* ſignificatur *Evangelium*. Ideo in illo monte tres apparuerunt, ubi ſe diſcipulis oſtendit in claritate vultûs & veſtis ſuæ : apparuit enim medius inter *Moyſem* & *Eliam*, tanquam Evangelium teſtimonium haberet à Lege & Prophetis. *S. Aug. Tract. 17. in Joan.*

1 *Réunit tous les Oracles*. Quid hoc ſtabilius, quid firmius verbo in cujus prædicatione veteris & novi Teſtamenti concinit tuba, & cum angelicâ doctrinâ antiquarum proteſtationum inſtrumenta concinunt ? Aſtipulantur enim ſibi invicem utriuſque fœderis paginæ, & quem ſub velamine myſteriorum præcedentia ſigna promiſerant, manifeſtum atque perſpicuum, præſentis gloriæ ſplendor, oſtendit. *S. Leon Pap. Serm. de transfig.*

perfectionner [1] par une alliance plus pure, & enfanter un peuple nouveau.

Rassurés par la voix du Ministre céleste ; les trois compagnons de Jesus levent doucement la tête ; ils regardent ; mais leurs foibles yeux n'appercevoient rien [2],

---

1 *La perfectionner.* Théophilacte explique ingénieusement de quelle maniere Jesus-Christ est venu abroger, & tout à la fois perfectionner la Loi, par la comparaison d'un Peintre, qui ayant tracé l'esquisse de son tableau, & venant à y mettre la derniere main, & y appliquer les couleurs, efface les premiers traits par de nouveaux, qui ne les détruisent que pour les perfectionner, & en faire un chef-d'œuvre de l'art.

2 *Leurs foibles yeux n'appercevoient rien.* Nam illam ipsius deitatis ineffabilem & inaccessibilem visionem, quæ in æternam vitam mundis corde servatur, nullo modo, mortali adhuc carne circumdati, intueri poterant, & videre. *S. Leon Pap. Hom. de transfig. Dom.*

si

ſi l'officieux Archange n'y verſoit quelques gouttes d'eau, de la fontaine de vie qui coule du trône de Dieu, & dont la vertu eſt de rendre la vue des hommes auſſi nette, & auſſi perçante que celle des immortels. Alors les trois Apôtres voyent la gloire ineffable de Dieu ; ſon trône immuable étoit élevé ſur des Chérubins [1] brûlans de zele. Mille & mille eſprits immortels formoient les neufs degrés, & ſe couvroient par reſpect [2] la face de leurs aîles de diverſes couleurs, telles qu'a-

---

1 *Chérubins*. C'eſt le deuxiéme ordre de la Hiérarchie céleſte, & le premier après les Séraphins. On les peint *rouges* pour marquer qu'ils ſont enflammés de l'amour de Dieu. Moïſe mit l'Arche ſous les aîles des *Chérubins* qu'il fit élever dans le Sanctuaire.

2 *Se couvroient par reſpect*. Duabus alis velabant corpus ſuum. *Ezech.* 1. 23.

près un prompt orage, le soleil riant les peint sur des nuées humides, & pluvieuses. L'Emmanuel porté sur les aîles de la Divinité, parut dans le sein lumineux de son Pere; sous ses pieds étoit une nuë de la couleur d'un Ciel pur & serein, semblable à une seule pierre de saphir éblouissant : les deux Prophètes *Moïse* & *Elie*, participoient à sa gloire sans la diviser, & sans en altérer l'éclat; toute la cour céleste étoit dans une respectueuse attitude, gardant un pieux silence à la vue du grand événement qui s'accomplissoit. *Pierre*, *Jacques* & *Jean* étoient plongés dans une douce extase, lorsque Gabriel reprit en ces termes.

Favoris du verbe de Dieu, illustres prédestinés, votre admiration curieuse s'épuiseroit en vain, sur les merveilles que le très-Haut opére en ce jour ; il n'est pas donné à l'esprit de l'homme de les concevoir, si l'esprit de Dieu ne les révéle ; c'est pour vous les développer que le Tout-Puissant m'envoye à vous, rendez-vous attentifs, c'est Dieu qui m'inspire.

L'Ange rebelle étoit tombé avec ses légions impies, sous les armes victorieuses de Michel, combattant pour la cause de Dieu. Semblable à un éclair [1] qui fend la nuë, glisse sur les rochers, & se précipite dans les abîmes, Satan étoit tombé ; & déja dans le conseil de sa sagesse, l'Eternel avoit résolu la création [2], pour

---

1 *Semblable à un éclair.* Videbam Satanam sicut fulgur de Cœlo cadentem. *Luc. c. 10. v. 18.*

2 *La création.* Joseph *Scaliger*, *Torniel*, le P. *Petau*, *Usserius* & quelques

remplir les siéges que la défection des rebelles avoit laissé vacans. Le projet étoit digne du Tout-Puissant, il y procéde sans délai; il se leve comme un géant [1], il part du haut des Cieux [2], porté par

---

autres sçavans Ecrivains de ces derniers tems, suivent l'opinion de l'Historien *Joseph* : & quelques Rabbins ont crû que Dieu avoit créé le monde dans la saison de l'automne, le Soleil étant dans le signe de la Balance. La plûpart des *P P.* ont jugé que le monde a eu son commencement au printems, le Soleil étant dans le signe du *Bélier*, eu égard à la Palestine, & au lieu même du Paradis terrestre, où Adam fut créé. Depuis près de 5750. ans que le monde a été tiré du néant par la toute-puissance de Dieu, les Philosophes sont encore aujourd'hui divisés sur la connoissance de son systême, c'est-à-dire, de l'ordre, & de la situation naturelle de ses parties.

1 *Comme un géant.* Exaltavit ut gigas ad currendam viam. *Psalm. 18. 6.*

2 *Du haut des Cieux.* A summo Cœlo egressio ejus. *Ibid.*

ses fidéles chérubins sur les aîles des vents, il s'avance rapidement, les nuages naissent sur ses traces, ils sont la poussiere de ses pieds [1]; nous le suivons en volant sur ses pas. Le feu vivifiant qui doit rendre la nature féconde, & pénétrer ses plus secrets replis, le précéde [2], & prépare ses voyes. Rien ne peut se dérober à sa chaleur subtile [3]. Arrivé aux portes du Ciel, Dieu fait entendre sa voix impérieuse à l'aveugle cahos qui embrassoit toutes choses. A sa parole, le cahos docile, ouvre son sein ténébreux, où tout étoit captif & en désordre; tout se meut; les

---

1 *Poussiere de ses pieds.* Et Nebulæ pulvis pedum ejus. *Nahum. c. 1.*

2 *Le précéde.* Ignis ante ipsum præcedet. *Psalm. 96. 3.*

3 *Sa chaleur subtile.* Nec est qui se abscondat à calore ejus. *Psalm. 18. 7.*

élémens confondus se débrouillent; la matiere informe [1] élevant son dos limoneux, paroît à la lueur des clartés ineffables qui environnent l'Eternel, comme un vêtement [2] auguste. Alors pre-

---

1 *La matiere informe.* C'étoit une pensée commune au siécle de *Moïse*, & depuis ç'a été celle de quelques Philosophes Phéniciens, celle de *Démocrite*, d'*Aristote*, d'*Epicure*, de *Pline*, de *Plutarque* & de tous les hommes les plus célebres même de nos jours, comme *Gassendi*, *Descartes*, *Kirker* & *Bonanni*, qu'une matiere mise en mouvement, par exemple de la terre délayée par la pluye, & remuée par l'action de la chaleur, ou par les soins de l'homme, suffit pour engendrer des plantes & des animaux; & de cette opinion est venue celle de l'éternité de la matiere, & du mouvement. Erreur qui n'abuse, & n'égare plus que les esprits foibles par les fausses conséquences qu'ils en tirent. *Spect. de la Nat. tom. 8. p. 60.*

2 *Comme un vêtement.* Amictus lu-

nant la terre [1] dans ses mains, & arrondissant en globe sa molle surface, la matiere fuit sous ses doigts; elle s'éleve en montagnes [2], & en collines; sous la pression de sa main formatrice, restent les vallées humbles & profondes; alors il la place dans le vuide [3]. C'est ainsi que Dieu suspend l'orbe de la terre sur son axe [4], & la fonde sur sa propre

mine sicut vestimento. *Psalm.* 103. 2.

1 *Prenant la terre.* Quis appendit tribus digitis molem terræ, & libravit in pondere montes, & colles in statera. *Isaïe* 40.

2 *Elle s'éleve en montagnes.* Ascendunt montes, & descendunt campi, in locum quem fundasti eis. *Psalm.* 103.

3 *Il la place dans le vuide.* Qui extendit aquilonem in vacuum, & appendit terram super nihilum. *Job.* 26. 7.

4 *Sur son axe.* L'axe d'un globe, est une ligne qui le traverse de part &

ſtabilité [1]. Enſuite verſant dans le creux de ſa main les eaux immenſes ſur leſquelles ſon eſprit étoit porté, il les péſa [2], & les ſépara. Sa droite en place une partie au Firmament [3], qu'elle étend

---

d'autre, comme une éguille qui traverſeroit une orange. La terre en tournant ſur cette ligne, amene & abbaiſſe ſucceſſivement tous les points devant le Soleil ; comme nous ne voyons pas tous les mouvemens de la terre, & que juſqu'à midi elle nous approche du Soleil, & enſuite elle nous en éloigne, nous jugeons que c'eſt le Soleil, & tout le Ciel qui tournent. *Spect. de la Nat. tom. 3.*

1 *Sur ſa propre ſtabilité.* Qui fundavit terram ſuper ſtabilitatem ſuam, non inclinabitur in ſæculum ſæculi. *103.*

2 *Il les péſa.* Quis menſus eſt pugillo aquas, & Cœlos palmo ponderavit. *Iſaï 40.*

3 *Une partie au Firmament.* Ce que *Moïſe* nous apprend de la diviſion des

comme une peau déliée [1] & trans-

eaux inférieures & supérieures, n'est pas moins confirmé par une expérience journaliere. Il n'y a point d'eau qui mise à l'air, ne perde par l'évaporation une partie de son volume, il s'en détache un pouce & plus, au grand soleil, dans l'espace d'une journée; on peut juger par là de la quantité d'eau qui s'éleve tous les jours de l'immense surface de la Mer. Il ne s'en éleve jamais plus que dans les grands jours d'été; & jamais l'évaporation n'est moins apperçue. Ces eaux vont se joindre dans le haut de l'*Atmosphere*, à celles qui y sont dès auparavant. Voilà donc des eaux supérieures réellement, & perpétuellement existantes au-dessus de nous, quoique la rarefaction qui les désunit, les empêche d'être vues, & comme l'air les soutient incomparablement plus haut que les oiseaux du Ciel ne peuvent s'élever, on peut légitimement les appeller les *Eaux Célestes*, les *Eaux supérieures*. Spect. de la Nat. tom. p. 514.

1 *Comme une peau déliée*. Extendens Cœlum sicut pellem. *Psalm*. 103.

parente : ce sont les eaux supérieures, qui suspendues sur vos têtes [1], forment l'azur céleste [2] dont l'humidité s'échappe d'une maniere imperceptible, & tombe en rosée sur la terre, toutes les fois que le Soleil retire ses rayons

---

1 *Suspendues sur vos têtes. Qui tegis aquis superiora ejus. Ibid.* Telle est l'existence des eaux supérieures, & atténuées qui remplissent la vaste étendue de l'*Atmosphere*, où le Tout-puissant les tient en réserve, pour en faire comme il lui plaît un instrument de vengeance ou de fécondité. *Spect. de la Nat. tom. 8. p. 59.*

2 *Forment l'azur céleste.* L'azur que nous voyons dans l'étendue du Ciel, n'est, comme toute autre couleur, qu'une lumiere réfléchie, & nous y décéle la présence d'un liquide assez transparent, pour admettre la lumiere qui nous vient du Soleil, & assez substantiel pour reverbérer celle qui rejaillit de dessus la terre. *Spect. de la Nat. tom. 8. p. 85.*

de feu qui les compriment, & qui les lient. L'autre partie des eaux qui restoient dans la main de Dieu, furent par lui étendues comme une zone [1] au tour de la

---

1 *Comme une zone autour de la terre. Abyssus sicut vestimentum amictus ejus. Psalm. 103.* L'Histoire de Moïse nous représente d'abord la terre cachée sous l'abîme des eaux qui la couvroient toute entiere; il nous la montre ensuite découverte par la résidence des eaux inférieures, qui s'arrêterent dans les cavités qui leur étoient préparées; & par l'élévation de l'autre partie des eaux qui s'évaporerent de dessus la terre, & se disperserent fort haut aussi-tôt après la création du feu ou de la lumiere, qu'on peut démontrer être la même chose. Dieu seul connoît la quantité & la hauteur de ces eaux rarefiées; mais l'existance en est attestée par des preuves indubitables. Nous trouvons donc également dans la nature, & dans le récit de l'historien sacré, un second Océan suspendu sur nos têtes, & roulant dans la

terre, pour l'humecter [1] & la rendre féconde ; ce sont-là les eaux inférieures qui l'environnent, & qui forment la mer ; Dieu posa des bornes à son or-

---

vaste étendue du Ciel, pour y être dans la main de Dieu un instrument de fécondité, ou de désolation, de libéralité, ou de vengeance. *Spect. de la Nat. tom. 3. p. 514.*

1 *L'humecter.* Admirons les œuvres de Dieu dans les eaux de la Mer, qui ne pouvant avoir un courant par leur profondeur & leur continuité, sont cependant dans un perpétuel mouvement; non seulement par le flux & le reflux, mais encore par les vapeurs qui s'en élevent continuellement pour se changer en pluye & en rosée ; une circulation non interrompue fait passer par succession de tems toutes les eaux de la mer sur la terre, & toutes celles de la terre dans la mer, sans que celles de la mer perdent rien de leur sel ; & que celles de la terre cessent d'être douces. *Spect. de l'Homme. 2. part. pag. 44.*

gueil [1], en lui disant : » Mer, voi-» là tes barrieres, tu ne les fran-» chiras pas : tu y viendras bri-» ser l'écume de tes flots «. Et cet ordre écrit du doigt de Dieu même sur le rivage, sera respecté jusqu'à la fin des siécles. Alors il créa les vents [1], qui se répandant aussitôt dans le vuide, agitérent la vaste mer, & soulevérent ses flots audacieux. Cependant la terre enfantoit encore ses produc-

---

1 *Dieu posa des bornes à son orgueil.* Quis conclusit ostiis mare quando erumpebat, quasi de vulvâ procedens, cùm ponerem nubem vestimentum ejus, & caligine illud quasi pannis infantiæ obvolverem : circumdedi illud terminis meis, & posui vectem & ostia, & dixi, *usque huc venies, & non procedes ampliùs : & hîc confringes tumentes fluctus tuos.* Job. 38. 8. & seq.

1 *Il créa les vents.* Formans montes, & creans ventum. *Amos,* 4. 13.

tions dans les ombres, quand pour les rendre viſibles, Dieu crée la lumiere [1] en l'appellant, & ſoudain la lumiere naît du ſein

---

1 *Il créa la lumiere.* On eſt ſurpris de trouver dans le récit de Moïſe, la lumiere créée avant le Soleil ; en effet elle eſt pré-exiſtante aux corps lumineux ; ceci paroît d'abord un paradoxe, mais c'eſt une vérité fort ſimple. Par la lumiere nous n'entendons pas cette ſenſation que nous éprouvons à la préſence d'un corps enflammé ; il eſt clair que le corps lumineux exiſte avant elle ; mais nous entendons cette matiere infiniment légere qui ébranle nos yeux, & qui y peint des objets de deſſus leſquels elle eſt réfléchie vers nous. La lumiere priſe en ce ſens, eſt un corps différent ou indépendant du Soleil, & qui a pû exiſter avant lui, puiſqu'elle exiſte en ſon abſence comme en ſa préſence. Elle eſt diſperſée d'un bout de la nature à l'autre ; elle eſt répandue dans toutes les ſpheres, dont elle fait la principale communication ; elle pénétre juſques dans l'épaiſſeur de la terre ; & elle n'a

des ténèbres, non avec cet éclat

besoin pour paroître que d'être mue. Elle est pour nos yeux, ce que l'air est pour nos oreilles ; on pourroit appeller l'air, *le corps du son* ; & comme l'air existe autour de nous, lorsqu'il n'y a aucun corps sonore qui le frappe, de même la lumiere s'étend depuis les étoiles jusqu'à nous, & ne frappe nos yeux que quand le Soleil, ou quelqu'autre masse de feu la pousse sur nos organes. Le Soleil & les Etoiles font sentir leur présence à des distances démesurées, sans perdre continuellement leur substance par un écoulement, qui aille de moment en moment remplir ces épouvantables vuides ; mais le corps de la lumiere que Dieu a placé entre ces globes lumineux & nous, pour être ébranlé par leur présence, & pour nous faire jouir de leur vue, est toujours existant indépendamment de leur impression : Moïse a donc parlé selon la vérité, comme selon nos besoins, lorsqu'il nous a appris que Dieu, & non le Soleil, étoit le Pere de la lumiere, & qu'elle étoit émanée de sa volonté toute-puissante, avant

que nous lui voyons ; mais enveloppée, semblable à ces feux que les bucherons allument la nuit sur le haut des montagnes, & que l'éloignement ne laisse discerner que foiblement au voyageur attentif à tout. Ainsi la lumiere étoit sans action sous la main de Dieu, & déja d'un seul escarboucle, sa droite avoit fabriqué le Soleil [1] qui devoit la porter, & la soutenir dans son orbe immense & infiniment plus grand que la terre [1]. Alors con-

---

qu'il y eut un Soleil pour la faire briller sur une partie de la terre, & une Lune pour la réfléchir sur l'autre. *Spect. de la Nat. tom. 3.*

1 *Avoit fabriqué le Soleil.* Tu fabricatus es auroram & solem. *Psalm. 73.*

2 *Infiniment plus grand que la terre.* Le disque du Soleil paroît rond dans son midi, mais à son lever & à son coucher il paroît *elliptique* ou ovale,

ſidérant la perfection de ce globe, Dieu y verſe la lumiere, la chaleur, la fécondité, & il y dreſſe lui-même ſon Tabernacle [1]; puis fabriquant la riante

---

ſur quoi il y a un Traité particulier de *Schedner*. Le globe du Soleil ſe meut ſur ſon axe en vingt-ſept jours, il eſt 166. fois plus grand que la terre, ſelon *Ptolomée*; 162. fois ſelon *Copernic*; & 140. ſelon *Tychobrahé*. *Rohaut* dit que le diametre du Soleil contient ſept fois celui de la terre, d'où il ſuit que le Soleil eſt 434. fois plus grand que la terre. Bion dit que le diametre du Soleil, contient cent fois celui de la terre, & par conſéquent qu'il eſt un million de fois plus grand que la terre.

1 Son Tabernacle. *In ſole poſuit Tabernaculum ſuum. Pſalm. 18*. Les Manichéens trompés par le ſens littéral de l'Ecriture, ainſi que tous les autres Hérétiques qui en abuſent, & qui en mépriſent l'eſprit pour ne s'attacher qu'à la lettre, penſoient, au rapport de S. Auguſtin, *tract. 34. in Joan.* que J. C.

aurore[1], il lui trace du doigt sa route lumineuse ; il lui commande d'annoncer l'astre du jour, & de devancer son cours régulier. A ce signal impérieux, cessant d'être captive, la lumiere intimement unie au Soleil, dévelope ses influences[1] par mille & mille

---

étoit ce Soleil visible qui éclaire journellement le monde. Ils donnoient pour raison que Dieu, comme le dit David, a mis son Tabernacle dans le Soleil, & que J. C. a assuré qu'il étoit la lumiere du monde. *Ego sum lux mundi. Joan.* 8.

1 *La riante aurore*. Tu fabricatus es auroram & solem. *Psalm.* 73.

2 Développe ses influences. *Epicure*, *Gassendi*, *Newton*, *&c.* ont crû que la lumiere étoit un écoulement d'atomes & de corpuscules ignés, qui, sortant du Soleil comme d'un grand Océan de feu, se répandoient avec une vîtesse extrême de toutes parts. *Descartes*, *Huygens*, *&c.* ont nié qu'il se fit aucun écoulement, ni transport de corpuscules du corps lumineux jusqu'à nous, sans

feux dardés dans le vuide infini.

---

s'épuiser. *Huygens* convenoit d'une longue suite de globules qui forment comme autant de petits bâtons, dont l'une des extrémités touche le Soleil, & l'autre le fond de l'œil; après quoi il doit s'ensuivre, qu'au même tems que le Soleil presse l'extrémité qui lui est contigue, celle qui appuye sur l'œil est aussi pressée; ainsi la lumiere parvient du corps lumineux jusqu'à nous, par quelque mouvement imprimé à la matiere subtile qui est entre deux; & ce mouvemeut s'étend successivement par des surfaces & des ondes sphériques: *Huygens* a supputé que la lumiere employoit onze minutes pour parvenir du Soleil jusqu'à nous. *Descartes* a été à peu près du même avis; hors qu'il croyoit que la lumiere étoit instantanée, parce qu'il admettoit une suite de petits globules qui formoient comme de petits bâtons, dont un des bouts touchant au Soleil & l'autre à l'œil, donnoit dans l'instant la sensation de la lumiere. C'est une suite du plein qu'il soutenoit. Voici ce qu'il disoit pour le

Le Soleil lié par la main de Dieu à l'écliptique [1], s'éleve avec ma-

---

prouver ; que dans le commencement Dieu divisa l'indéfinie masse de matiere en angles ; qu'il fit tourner tous ces cubes sur leur centre ; qu'en se heurtant, & se frottant les uns contre les auttes, ils se réduisirent en poussiere, & formerent plusieurs grands ronds, & canélés, & plusieurs autres qui devinrent si petits & si subtils, que n'ayant aucune figure déterminée, & étant très-subtils, ils remplirent tous les vuides des parties les plus grossieres ; c'est là ce que l'on appelle la *matiere subtile*. Tous les Philosophes & les Astronomes d'aujourd'hui, sont partagés sur ces deux opinions ; les uns admettent un écoulement continuel de corpuscules lumineux du corps du Soleil avec *le vuide* ; les autres attribuent au Soleil l'activité de *la matiere subtile* pour nous occasionner la sensation de la lumiere dans *le plein*. *Spect. de l'Hom.* 2. *part. pag.* 30.

1 *Ecliptique*. Signe marqué dans les Spheres au milieu du Zodiaque, & qui est dans le Ciel le cercle que décrit le

jeſté ; il part, il entre dans ſa carriere. Les ténèbres qui ne peuvent ſoutenir ſon regard brûlant, le voyent avec horreur, & effrayées, elles courent ſe réfugier au veſtibule de l'ancien cahos ; les ſombres vapeurs, les brouillards & les nuages mis en fuite, diſparoiſſent en ſe repliant les uns ſur les autres. A l'aſpect du Soleil tous les objets ſe colorent ; ſes vives clartés animent toutes les beau-

---

Soleil, par ſon mouvement annuel. L'Ecliptique coupe l'Equateur en deux parties égales, & ne s'en éloigne de part & d'autre que de vingt-trois degrés & demi ; on l'appelle ainſi à cauſe que les *Eclipſes* ne ſe font jamais, que les deux planettes ne ſoient aux environs des nœuds, ou interſections de l'*Ecliptique ;* on l'appelle encore l'*orbite du ſoleil* parce qu'il la parcourt en une année par ſon mouvement propre d'Occident en Orient.

rés de la terre ; pour la premiere fois on vit des collines chargées d'arbres, de fruits & de fleurs ; des vallées délicieuses tapissées de vertes prairies ; des ruisseaux argentins, des fontaines jaillissantes, des cascades naturelles, des rocs en saillie, des bocages, des grottes ombragées de pampre & de raisins, enfin la belle nature, & tous ses aimables caprices. La majesté de l'astre du jour, frappa les Anges mêmes ; car il est l'ouvrage le plus admirable [1] du Très-Haut ; il brûle la terre en son

1 *L'ouvrage le plus admirable.* Vas admirabile opus excelsi, in meridiano exurit terram, & in conspectu ardoris ejus quis poterit sustinere ? tripliciter sol exurens montes, radios igneos exsufflans, & refulgens radiis suis obcæcat oculos. Magnus Dominus qui fecit illum, & in sermonibus ejus festinavit iter. *Ecli. 43. 2.*

midi ; & qui peut ſupporter ſes vives ardeurs ? Il conſerve une fournaiſe de feu toujours agiſſante ; il brûle les montagnes d'une triple flamme ; il lance ſes rayons de feu, & la vivacité de ſa lumiere éblouit, quoiqu'elle différe autant de la douce clarté des Cieux, que la nature humaine, eſt différente de l'eſſence divine, nous fûmes néanmoins ſurpris d'admiration en voyant le Soleil naiſſant, paſſer ſous nos yeux avec une vîteſſe incroyable, & toutefois par une gradation inſenſible de cercle en cercle arriver à ſon Zenith [1] ; puis

1 *Zenith*. Le point vercial, ou le point du Ciel qui eſt directement ſur notre tête, par lequel paſſent tous les *Azimuts*, ou cercles verciaux. Il eſt diamétralement opposé à *Nadir* qui eſt le point du Ciel directement

déclinant avec ordre, achever de décrire son cercle, & aller se plonger dans le sein des mers. Il avoit disparu; & déja nous exaltions Dieu & la magnificence de ses ouvrages, quand tout-à-coup mille & mille globes de feu, épars, brillérent sous nos pieds, & semblérent embrâser la voûte céleste; c'étoit le Firmament que la main de Dieu avoit parsemé d'étoiles sans nombre [1], de toute

---

sous nos pieds. Le *Zenith* est aussi appellé le *Pole de l'horison* parce qu'il en est éloigné de quatre-vingt-dix dégrés, il est aussi le pôle de tous les cercles paralleles à l'horison, par lesquels on marque la hauteur, ou élévation des astres au-dessus de notre horison.

1 *D'Etoiles sans nombre.* Les Etoiles sont en nombre infini, suivant ce que Dieu dit à Abraham, *compte les Etoiles du Ciel si tu le peux.* Cependant les anciens Astronomes avoient préten-

forme

forme & de toute grandeur [1]. Lorsque le Créateur les eut formées toutes à la fois, & sans or-

---

du en fixer le nombre à douze mille vingt-deux ; ils croyoient qu'il ne pouvoit paroître rien de nouveau dans le Ciel, puisqu'il ne s'y fait aucune génération. Et en effet jusqu'au tems d'*Aristote* & plus de deux cens ans après, on n'y avoit apperçu aucun changement; mais en l'année 125. avant l'incarnation de Jesus-Christ, *Hyparchus* y ayant découvert une nouvelle Etoile, il fit un dénombrement de toutes les Etoiles avec une description exacte de leur grandeur & de leur situation, afin qu'on pût reconnoître s'il y arriveroit dans la suite quelque chose de nouveau, comme il arriva effectivement en 1572. que *Tycho-Brahé* & bien d'autres modernes après lui ; & de nos jours l'illustre M. *Cassini* ont découvert de nouvelles Etoiles.

1 *Forme & grandeur*. Les Etoiles se divisent en sept classes qui sont de la premiere, deuxiéme, troisiéme grandeur, &c.

dre, d'une partie du grand corps[2]

---

2 *Du grand corps de la lumiere.* Ouvrons les yeux sur les corps célestes qui ne brillent pas d'une lumiere empruntée comme la Lune & les Planettes. Le Soleil & les Etoiles peuvent bien nous être cachés ; mais ils ne peuvent être éteints ; la Lune peut nous dérober un moment la vue du Soleil par son interposition. L'éclat du Soleil par sa proximité, peut effacer sur notre horison la lueur des Etoiles ; mais les Etoiles comme le Soleil ont une lumiere qui leur est propre, & dont elles ne sont jamais destituées, ce sont autant de globes de feu, & de soleils, si elles ne peuvent être vues de nous, dans l'effroyable distance où elles sont à notre égard, ce ne peut être que parce qu'elles égalent le Soleil en grosseur ; & leur diminution est la marque de leur éloignement, & non de leur petitesse ; ce sont donc autant de Soleils qui ont été reculés de nous pour nous garentir de leurs feux, sans nous ôter la jouissance de leur lumiere. *Spect. de la Nat. tom. 3. p. 482.*

de la lumiere ; il les compta, & les appella chacune par leur nom [1] ; elles accoururent avec joye, en disant, *nous voici* [2] ; & incontinent placées, les unes dans des lieux fixes pour être les yeux du Ciel, & ses fidéles sentinelles ; & les autres dans les postes ambulans, pour parcourir les Cieux avec rapidité, & en annoncer la gloire ; chacune y brilloit plus ou moins, en l'honneur de celui qui les a faites : les unes formoient ces grands signes du Zodiaque [3], & ces constellations [4]

1 *Chacune par leur nom.* Qui numerat multitudinem Stellarum, & omnibus eis nomina vocat. *Psalm.* 146.

2 *En disant nous voici.* Stellæ dederunt lumen in custodiis suis, & lætatæ sunt, vocatæ sunt, & dixerunt, adsumus, & luxerunt ei cùm jucunditate qui fecit illas. *Baruch.* 3. 34. 35.

3 *Zodiaque.* Un des six cercles de la

ausquelles dans la suite des tems, en a donné des noms d'hommes & d'animaux [5]; d'autres formoient des voyes larges [6], spacieuses, &

---

sphere dans lequel le Soleil & les autres planettes se meuvent; il est divisé en douze signes, ou constellations; on donne au *Zodiaque* une largeur de seize & de dix-huit dégrés, en sorte qu'on le représente comme une large ceinture, on la fait plus ou moins large, selon la plus grande latitude qu'on donne aux Planettes, que l'on suppose ne sortir jamais du *Zodiaque.*

2 *Constellations.* Assemblage de plusieurs Etoiles dans le Ciel qu'on appelle *Signes*, & qui font le tour du Zodiaque.

3 *D'hommes & d'animaux.* Tels que le *Sagittaire*, les *Gemeaux*, la *Vierge*, le *Bélier*, le *Taureau*, le *Lyon*, &c.

4 *Des voyes larges.* La voye *Lactée*, ou *Voye de lait*, que les Mathématiciens nomment *Galaxie*, est un amas nébuleux d'Etoiles qui ne se voyent que confusément, & qui ne paroissent en-

brillantes ; plusieurs étoient disposées de façon, à décrire des cercles, des ovales, des oblonques, des quarrés longs ; nous étions encore occupés à admirer l'ordre, & la multitude des étoiles dont les unes étoient fixes [1], &

---

semble que comme des nuages, elles ont été appellées de la septiéme grandeur.

1 *Etoient fixes*. On appelle *Etoiles fixes*, celles qui sont attachées au Firmament, qui ont toujours un même mouvement & une même distance entr'elles ; au lieu que les autres s'appellent *Etoiles errantes*, ou *Planettes*. Les Astronomes distinguent deux mouvemens dans les Etoiles fixes. L'un avec le Firmament auquel elles sont comme clouées & attachées, lequel se fait de l'Orient à l'Occident dans l'espace de vingt-quatre heures à l'entour des Pôles du monde ; l'autre par lequel elles rétrogradent de l'Occident à l'Orient à l'entour des Pôles de l'écliptique avec une lenteur extrême, n'avançant que

les autres circuloient dans l'infini, avec toute l'ordonnance d'une armée [1] bien disciplinée ; lorsque du

---

d'un dégré de leur cercle dans l'espace de 71. à 72. ans; quelques-uns se sont figurés, je ne sçais sur quel fondement, que lorsqu'elles seront revenues au même point, la nature aura achevé sa course; & que les Astres ayant rempli leur carriere, le Ciel demeurera en repos, si l'intelligence qui lui a donné le mouvement ne lui ordonne de recommencer son cours. Selon ce calcul le monde dureroit environ trente mille ans selon *Ptolomée* ; 25800. selon *Tycho-Brahé* & les *Tables Rhudolphines* ; 25920. selon P. *Ricciolli* ; & 24800. selon M. *Cassini*.

1 *L'ordonnance d'une armée*. Faisons-nous réflexion que ces Etoiles sont innombrables, toutes infiniment plus grandes que la terre; toutes, excepté les Planettes, une source inépuisable de lumiere ; mais quelle est l'ordre qui a fixé leurs rangs, & à qui obéit si ponctuellement & avec tant de joye cette armée du Ciel dont toutes les sentinelles sont si vigilantes ? Le Firma-

côté qui fut depuis nommé *Orient*, entre deux montagnes nous vîmes s'élever un globe argentin infiniment plus petit [1], mais d'un éclat non moins surprenant que celui du Soleil. Ce qui nous frappa davantage fut de voir que le Soleil, lui-même en s'éloignant, l'éclairoit de ses regards, & lui communiquoit par réflexion cette lumiere pâle, tempérée, & humide qui distingue la Lune dans

---

ment parsémé d'Etoiles, est le premier Prédicateur qui a annoncé la gloire du Dieu tout-puissant; & pour rendre les hommes inexcusables, il ne faut que ce livre écrit en caractères de lumiere. *Rollin Traité des Etudes tom. 2. pag. 553.*

1 *Infiniment plus petit.* La Lune est cinquante-deux fois plus petite que la terre; & la terre est 166. fois plus petite que le Soleil; par conséquent la Lune se trouve 218. fois plus petite que le Soleil.

toutes ses *Phases*[1] différentes. Elle

---

1 *Dans toutes ses phases.* On appelle *Phases* de la Lune, les différentes apparitions de sa lumiere à l'égard de la terre; la moitié de la Lune est toujours éclairée par le Soleil; mais parce qu'elle change continuellement de situation autour de la terre, & qu'elle se met quelquefois entre nous & le Soleil, elle ne peut pas toujours nous montrer toute cette moitié que le Soleil éclaire; elle nous en montre tantôt plus, & tantôt moins, selon qu'elle est plus ou moins éloignée du Soleil. Il n'y a que quatre aspects différens, & quatre phases de la Lune. Quand elle est conjointe avec le Soleil, elle n'a aucune *phase*, parce que la partie illuminée étant toujours tournée vers le Soleil, elle ne peut pas alors nous apparoître. Quand elle commence à être visible, en nous montrant une petite portion de sa moitié illuminée, on l'appelle *croissant ou nouvelle Lune*, c'est-à-dire, quand elle sort des rayons du Soleil ou de sa conjonction. Vieille *Lune*, quand elle est sur son *déclin*, ou en *decours* : *pleine Lune* quand elle est

étoit dans ſon plein ; & les étoiles à moitié éclipſées, ſoutenoient encore ſa préſence. La Lune s'avançoit donc paſſant ſous certaines étoiles d'Occident [1] en

---

dans ſon oppoſition & que nous voyons ſa face entiérement éclairée, parce qu'elle eſt plus éloignée du Soleil, & qu'elle lui eſt entiérement oppoſée.

2 *D'Ocident en Orient.* La Lune ſemble ſe mouvoir ſous le Zodiaque ſelon la ſuite des ſignes, d'Occident en Orient ; elle parcourt un cercle excentrique à celui du Soleil. Son excentricité eſt de cinq diametres de la terre. Cet excentrique porte un épycicle par ſon centre. Le corps de la Lune ſe meut ſur la circonférence de ſon épycicle au-deſſus contre l'ordre des ſignes, & au-deſſous ſelon l'ordre des ſignes ; elle parcourt le Zodiaque en vingt-ſept jours & quarante-trois minutes, mais elle ne rattrape le Soleil qu'en vingt-neuf jours, douze heures quarante-quatre minutes. Elle ne tourne qu'en un mois autour de la terre, & ne lui montre ainſi que le

Orient dans un ſens contraire aux Cieux ; & ſa lumiere, quoique ſans force & ſans chaleur, étoit néanmoins chargée de faire l'office du Soleil, & de le remplacer pendant la nuit. Elle s'étoit précipitée à ſon tour dans les flots de l'Océan, lorſqu'inſenſiblement le pôle blanchiſſant, un premier rayon de lumiere & de feu, échappé du ſein des eaux, ſuivi de mille rayons qui en raſoient la ſurface, & qui rendirent en un inſtant les flots des plaines liquides, tous pétillants de feu, annonça une nouvelle apparition de l'aſtre du jour ; il ſe leva, tel qu'un jeune époux [1] qui ſort du

---

même côté, de ſorte que ſi la Lune étoit habitée, la terre ne ſeroit apperçue que par ceux d'un hémiſphere, à qui la terre ſerviroit de Lune pour l'éclairer. *Font. plur. des mondes.*

1 *Tel qu'un jeune époux.* Tanquam

lit nuptial, & continua ſon cours qu'il n'a jamais interrompu depuis. Il forma le jour [1], & l'éclai-

---

ſponſus procedens de thalamo ſuo. *Pſalm.* 18.

1 *Il forma le jour. S. Auguſtin* & bien d'autres ont penſé qu'il n'y avoit point de tems avant la création du Soleil; mais le Soleil n'a pas donné naiſſance au tems; il ſert ſeulement à regler le tems d'une maniere fixe & invariable; puiſque nous pourrions par pluſieurs moyens marquer le tems avec préciſion ſans le ſecours du Soleil, ni de la Lune: & la preuve que le tems a commencé par les ténèbres, c'eſt que le premier jour ainſi que les autres de la création, ont été faits, ſelon l'Ecriture, du *ſoir* & du *matin*. Dieu ayant voulu régler les jours par la révolution diurne de la terre ſur ſon axe, qui ſe fait en vingt-quatre heures, a laiſſé apparemment le monde douze heures dans les ténèbres, puiſque du *ſoir* & du *matin* ſe fit le premier jour. *Spectacle de l'homme.* 2e. *partie pag.* 25. 26.

ra ; ſon abſence enfanta la nuit ; & laiſſa une libre carriere à la Lune, & aux étoiles dont la clarté différe ſi fort entre elles [1]. Chargées d'adoucir l'horreur des ténèbres, elles répandoient une lueur tremblante [2], & indiſtincte ſur tous les objets. Ces différens aſtres eurent tous la terre pour centre de leurs mouvemens [3], & par-

---

1 *Differe ſi fort entre elles.* Stella enim differt à ſtella in claritate. *1. Corinth. 15. 41.*

2 *Tremblante.* Quelques Philoſophes prétendent que les étoiles fixes ne nous envoyent cette lumiere tremblante, & ne paroiſſent briller à repriſes, que parce que leurs tourbillons pouſſent perpétuellement le nôtre, & en ſont perpétuellement repouſſés. *Font. plur. des mondes.*

3 *Pour centre de leurs mouvemens.* On parle ici, ſelon le ſiſtême de l'Ecriture Sainte, & de *Ptolomée* ; & non ſelon les idées de *Copernic*, & des autres Philoſophes modernes.

tagérent le noble emploi de marquer les jours, les mois, les saisons, les années, & les siécles.

Cependant la terre n'étoit point encore habitée, on n'y voyoit point encore ces tours superbes, que la rebellion des enfans d'Enac [1], éleva dans les plaines de Sennaar [2]; ni ces énormes pyramides que la fastueuse Egypte, dressa sur la cendre de ses Rois.

---

1 *Enfans d'Enac. Enac* fils d'*Arbé* étoit un géant qui demeuroit à *Hebron*; *Moïse* ayant envoyé des personnes dans la terre promise pour la reconnoître, elles rapportérent qu'elles avoient vû dans ce pays, les fils d'*Enac* de la race des geants, qui étoient des hommes semblables à des monstres, auprès desquels ils ne paroissoient que comme des sauterelles. *Nombres. c. 13. 34.*

2 *Sennaar.* Ainsi étoient appellés les champs où Babilone fut bâtie sur les ruines de la fameuse tour de *Babel*.

La Carie ne possédoit point encore ce fameux tombeau ; miracle de l'amour conjugal, & merveille du monde ; on ne voyoit point encore de Villes sur les côtes de la mer ; les lacs & les fleuves n'étoient point captifs sous les forteresses menaçantes, qui bordent aujourd'hui leurs rivages ; les Phéniciens industrieux n'avoient point encore couvert les plaines humides de vaisseaux fragiles ; & le Phare vigilant[1] ne

---

1 *Phares vigilant. Pharos* étoit une tour fameuse à Alexandrie, qui a communiqué son nom à toutes les autres. *Ozanam* dit que *Phare* signifie aussi un détroit comme le *Phare de Messine*. Le Colosse de Rhodes servoit de phare, par les feux ou fanaux qu'il tenoit dans la main ; depuis on a appellé *Phare*, tous les endroits où l'on met des feux en signaux pour les vaisseaux. La tour de Cordouan, est un phare sur la Garonne.

leur prêtoit point encore sa lumiere secourable ; on ne voyoit ni châteaux somptueux, ni chaumieres, ni toîts rustiques ; les bourgs & les hameaux ne varioient point encore l'aimable païsage des campagnes. La terre dénuée d'habitans, ressembloit à un palais magnifique préparé pour un grand Roi [1] : Dieu vou-

---

1 *Préparé pour un grand Roi.* Il est bien vrai que la terre comparée à ce grand globe de feu qui l'éclaire, semble se confondre parmi cinq, ou six autres planettes, qui en empruntent comme elle leur lumiere, & qui paroissent de si petits objets dans la nature. Notre terre comparée ensuite avec les étoiles fixes, n'est plus qu'un point imperceptible. Que devient alors l'habitant de la terre ? Il semble anéanti. Croira-t'on après cela que Dieu l'a eu en vûe dans ses ouvrages ; & que c'est pour lui qu'il a reglé le cercle de l'année, l'inégalité des jours, & les vicissitudes des sai-

lant la peupler, appella les animaux ; à sa voix ils naissent des cavernes, & des antres de la terre : les Quadrupedes, & les Am-

---

sons ? L'excellence des êtres que Dieu a créés, ne se mesure pas à la toise : l'habitant de la terre a reçu une intelligence, une volonté, une ame ; c'est à ce petit être que Dieu a communiqué la connoissance de ses œuvres, tandis qu'il la refuse au Soleil ; c'est à l'homme qu'il destine l'usage, & le profit de ce riche appareil ; il est le seul sur la terre, que Dieu invite à l'en louer. Y eût-il dans d'autres spheres des millions de créatures intelligentes, à qui Dieu jugeât à propos d'accorder d'autres faveurs ? (Recherche inutile, & hors de notre portée) en seroit-il moins vrai que l'homme trouve par tout une main bienfaisante, des soins paternels, & un ordre établi en sa faveur. Qu'elle dignité ! quelle grandeur d'avoir un Pere qui couvre pour nous la terre de toutes sortes de biens, & qui daigne mettre le Ciel même à notre service ! *Spect de la Nat. tom. 4. pag. 7. 8.*

phibies [1] en prennent possession. Les uns s'étendent dans les vallons, & dans les plaines, qu'ils diversifient par leur forme, & par leur couleur ; les autres grimpent les montagnes, & font le premier essai de la vélocité de leurs pieds, & de leur agilité à la course dans les plaines. Plusieurs paîssent sur le penchant des collines, & s'appellent en bêlant pour se réunir en troupeaux.

---

1 *Amphibies*. Animaux qui vivent également dans l'eau, & sur la terre. On a étendu ce nom à des hommes qui vivent long tems sous l'eau. On trouve divers exemples de ces *hommes amphibies*. Il n'y en a point de plus surprenant que celui d'un Sicilien que l'on appelloit le *Poisson Colas*. Dès sa jeunesse il s'étoit tellement accoutumé à vivre dans l'eau, que son tempéramment étoit tout changé, vivant plûtôt à la maniere des poissons, qu'à la maniere des hommes. *Voyez Kirker*.

Bientôt les volatilles couverts de plumes de mille couleurs, se perchent sur les arbres chargés de fleurs & de verdure ; ils y dressent leurs premiers nids ; ils y égayent les forêts, & les bocages par leurs chants ; & folâtrant de branche en branche par leur battement d'aîles, ils s'appellent, & se répondent en écho ; puis tantôt en essein, tantôt séparément, ils essayent leurs aîles, qu'ils déployent dans les espaces immenses de l'air. Dieu leur donna en partage la douceur de la voix, pour chanter réguliérement la gloire du Créateur, & le lever de l'aurore [1], lorsqu'elle vient dé-

---

1 *Le lever de l'aurore. Apulée* remarque que la nature a donné à certains oiseaux, certaines heures pour chanter ; aux *coqs* avant le lever de l'aurore ; aux *hyrondelles* au lever du Soleil ; aux *cy-*

couvrir aux hommes la magnificence de ſes ouvrages. Tous ſans conducteurs, & ſans autre guide que l'inſtinct [1], trouvent ſous ſa main libérale les différentes nourritures qu'elle leur a aſſigné, en chargeant la terre féconde de les produire, & reproduire ſans ceſſe. Déja les aquatiques nés dans les eaux, ſe meuvent au ſein des mers, des lacs, des fleuves, & vivent tranquilles au centre des orages & des tempêtes; quelquefois lorſque le calme regne, on les voit bondir par ſaillie ſur les ondes, s'avancer au rivage, &

---

gales à midi; aux *Choüettes* le ſoir; & aux *Hiboux* la nuit.

1 *L'inſtinct. Lactance* dans ſon traité *De ira Dei*, ſoutient qu'excepté la religion, il n'y a rien en quoi les bêtes n'imitent les hommes & ne participent aux avantages de l'eſpéce humaine. *Lact. de opificio Dei. Cap. 2. p. m. 574.*

ſortir à moitié leurs corps écaillés & luiſans, pour jouir de la vûe des ouvrages de Dieu, & les admirer. Telle fut la production des animaux, oiſeaux, poiſſons, inſectes, reptiles, aucun d'eux ne méconnût ſon auteur; les amphibies & les terreſtres pouſſerent de longs cris, & des hurlemens dont ils adouciſſoient la rudeſſe par reſpect; les oiſeaux y mêlerent leur douce mélodie ſur le ton du roſſignol, le plus excellent chantre des bois, pour remercier le Créateur inviſible de leur avoir donné la vie, l'être, & les moyens de ſe la conſerver: tous exprimoient leur reconnoiſſance par de vifs tranſports, & par un inſtinct inexplicable [1],

1 *Inſtinct inexplicable.* Le mot d'*inſtinct* ſe dit proprement des animaux, & improprement des hommes. On eſt

leurs regards, & leurs cris sem-

---

quelquefois étonné de ce que ces animaux qui nous montrent du sentiment, qui s'entendent entre eux, & qui ont pour vivre une méthode ingénieuse, ne perfectionnent jamais cette méthode par aucune découverte, ne font voir aucune sensibilité pour l'histoire de leur espéce, ne prennent aucun intérêt à l'arrangement du monde, ne montrent ni curiosité, ni ombre de religion. S'ils avoient la *raison*, c'en seroit-la les suites : il n'ont donc reçu que ce qu'il faut, afin que l'homme soit servi, & toute sa demeure peuplée ; c'est l'homme qui est leur fin, & l'homme cesseroit d'être servi, si les animaux étoient raisonnables. Tout seroit en désordre sur la terre, si les animaux en sçavoient davantage. Le *corbeau* devenu plus industrieux, auroit horreur de ce qui fait sa pâture ; le *bœuf* plus éclairé, secoueroit le joug ; le *cheval* plus intelligent, auroit honte des liens & de la servitude ; le *chien* s'il raisonnoit, renonceroit au pain grossier qu'on lui distribue avec œconomie, &

bloient lui demander un Roi visible, qui pût recevoir leurs hommages en son nom ; ils ne tardérent pas à le voir paroître : jusqu'à ce moment Dieu avoit procédé seul à ses opérations merveilleuses ; mais pour celle qui lui restoit à faire, il fallut délibérer dans le conseil de son verbe, & de son esprit. La création y fut unanimement résolue en ces termes, *faisons l'homme à notre image & ressemblance*. Dès-lors aidé de son verbe, & de son esprit, Dieu prenant du limon de

iroit vivre de gibier, au lieu de chasser pour autrui. Tous les animaux en acquérant la *raison*, croiroient avoir droit à une juste liberté ; c'est donc le refus de la *raison* qui les dispose à l'esclavage, & c'est pour notre avantage que sçachant tous faire certaines choses, il leur est défendu de sçavoir rien de plus. *Spect de la nat. tom.* 3. *pag.* 500.

la terre, le paîtrit de sa main adorable. Bientôt le limon sans vie, prend une forme dont nul modèle n'avoit existé; une tête, un corps, deux bras, & deux pieds composent la statue; elle étoit encore couchée sans vie, & sans mouvement; nous ne la regardâmes d'abord que comme un modele, d'autant plus que tous les animaux avoient été créés avec vie & mouvement, par la seule parole de Dieu; cependant surpris, étonnés, nous étions dans une curieuse, & respectueuse attente de ce qui alloit suivre, lorsque de son souffle vivifiant, main sur main, bouche sur bouche [1], Dieu

1 *Bouche sur bouche.* C'est ainsi que dans le quatriéme livre des Rois, *Chap. 4. Elizée* est représenté ressuscitant, & rendant la vie au fils d'une femme *Sunamite*, qui l'avoit hébergé à son passage par *Sunam*.

la crée & l'anime. O prodige! Un animal nouveau, le Roi des animaux, se leve; son corps dressé sur terre, porte sur deux pieds, sa tête s'éleve vers le Ciel, qu'il parcourt de ses regards. Il a deux bras, à l'endroit même où les animaux ont des aîles, ou des pieds. L'homme marche, l'homme parle; quelle majesté! Quels regards! Quelle démarche! Quels accens! Quelle intelligence! Quel esprit! Quelle raison [1]! Dieu se recon-

---

1 *Quelle raison.* Tout change au moment où Dieu anime cette statue, & qu'il lui accorde le don de la raison; ce que je vois dans tous les animaux est un principe d'industrie ajouté, au corps, mais borné aux seuls besoins particuliers de ce corps, & renfermé dans l'exercice uniforme de quelques organes, sans espérance de changement, & de perfection; il n'en est pas ainsi de l'homme. Il vient de recevoir la raison, par elle il

noît

noît en lui ; il consacre le chef-d'œuvre de ses ouvrages, par les traits d'une parfaite ressemblance[1], & toute la nature reconnoît

---

est pourvû de tout, par elle il ne reconnoît de supériorité, que celle de son créateur, & il en exerce une véritable sur les dehors, & sur les dedans de la terre, qui l'invite lui seul à tout examiner, & à tout essayer ; s'il en est retiré, ce sont toutes richesses perdues. *Spect. de la Nat. tom.* 5.

1 *Parfaite ressemblance.* Ces ames vivantes d'une vie brute & bestiale, à qui Dieu ne donne pour toute action, que des mouvemens dépendans du corps, Dieu les tire du sein des eaux, & de la terre, mais cette ame dont la vie devoit être une imitation de la sienne, qui devoit vivre comme lui de raison & d'intelligence, qui lui devoit être unie en le contemplant, & en l'aimant, & qui pour cette raison étoit faite *à son Image*, ne pouvoit être tirée de la matiere. Dieu en façonnant la matiere peut bien former un beau corps, mais en quelque sorte qu'il la tourne, & la façonne, jamais il n'y trouvera *son image & sa ressemblance.* L'ame faite *à son image*, &

en lui ſon ſouverain. Nous com-

---

qui peut être heureuſe en le poſſédant, doit être produite par une nouvelle création ; elle doit venir d'en haut ; & c'eſt ce que ſignifie *le ſoufle de vie* que Dieu tire de ſa bouche. Ne croyons pas toutefois que Dieu ſoufle à la maniere des animaux ; ne croyons pas que notre ame ſoit un *air ſubtil*, ni une *vapeur déliée ;* le ſoufle que Dieu inſpire, & qui porte en lui-même l'Image de Dieu, n'eſt ni air, ni vapeur ; ne croyons pas non plus que notre ame ſoit une portion de la nature divine, comme l'ont rêvé quelques Philoſophes ; Dieu n'eſt pas un tout qui ſe partage ; quand Dieu auroit des parties, elles ne ſeroient pas faites; car le Créateur, l'Etre increé ne ſe ſeroit pas composé de créatures ; l'ame eſt faite, & tellement faite, qu'elle n'eſt rien de la *nature divine* ; mais ſeulement une choſe faite *à l'image & reſſemblance de la nature divine*, une choſe qui doit toujours demeurer unie à celui qui l'a formée ; c'eſt ce que veut dire ce *ſoufle divin* ; c'eſt ce que nous repréſente cet *Eſprit de vie. Boſſ. Diſc. ſur l'Hiſt. Univ.*

prîmes alors, qu'en accordant à l'homme un entendement approchant du nôtre, le tout-Puiſſant par un effet de ſa grace infinie, avoit réuni l'eſprit & la matiere, pour former un compoſé admirable, par lequel il pût recevoir l'adoration[1], & le culte des corps,

---

1 *Recevoir l'adoration*. L'homme ſeul a été élevé juſqu'à ſçavoir à qui il doit tout, & juſqu'à être averti de s'en montrer reconnoiſſant; nous avouons l'avantage qui lui eſt propre d'être inſtitué l'uſufruitier de la terre; mais il eſt infiniment plus grand, & plus honorable pour lui, de pouvoir plaire à ſon bienfaiteur, & d'adorer la main qui le comble de bien. Le témoignage de ſa ſubordination, ſi propre à l'avertir de ſon devoir, & à l'y maintenir, ne pouvoit être borné à une pratique moins génante, ni à un appareil de Religion plus facile; ſe détourner reſpectueuſement de l'arbre interdit à l'homme, c'étoit reconnoître par la privation d'une ſeule choſe, qu'il jouiſſoit de *tout*,

comme il recevoit celui des esprits. Mais qui des Anges eut pû s'imaginer que Dieu portoit ses vûes encore plus loin, & que ce n'étoit là que le modele d'une humanité qui devoit être un jour élevée jusqu'à la divinité, par une union ineffable dans la personne du Verbe ? Cela surpassoit la portée des intelligences les plus sublimes.

Telle est la noblesse & l'époque de votre origine; Adam ce

---

quoiqu'il n'eût droit à *rien*. C'étoit publier qu'il avoit un maître, sans cesser de l'être lui-même; Dieu attacha l'immortalité à une Religion si juste & si peu chargée; mais il avertit l'homme, qu'au moment où il refuseroit l'hommage, il seroit déchû de ses avantages les plus grands, & livré comme le reste des animaux à la généralité des mouvemens, par lesquels Dieu change & renouvelle la nature. *Spect. de la Nat. tom. 5. p. 14. 15.*

premier pere des hommes, étoit à peine créé, que Dieu le sacra Roi [1] de tout l'univers, & l'installa dans sa Royauté en appellant les sujets qu'il lui avoit formé, à l'hommage qu'ils devoient lui rendre. Alors vous eussiez vû les quadrupedes, & les reptiles; les amphibies, & les poissons muëts; les volatilles, & les oiseaux de toute espece, accourir & voler auprès de leur nouveau Roi, le

---

1 *Dieu le sacra Roi.* Quand on dit d'un Roi, que tout est soumis à son gouvernement, d'un bout à l'autre de ses Etats, on ne veut pas dire que les peuples dépendent de lui pour prendre leur nourriture, ni les forêts pour croître, ni les bêtes pour multiplier; en disant que tout lui est soumis, on entend qu'il peut faire usage de tout, & y mettre de l'ordre : c'est ainsi que l'homme est le Roi de la nature. *Spect. de la Nat. tom. 5. pag. 22.*

proclamer, & célébrer ſa naiſſance par des hommages muëts, par des jeux badins, des vols légers, des bonds, des ſauts &, des regards flateurs, qui dénotoient la ſecrette émulation qu'ils avoient tous de lui plaire, & de partager ſes faveurs. Adam inſtruit de ſes droits, fit le premier acte de ſa ſouveraincté [1], en les nommant,

---

1 *Le premier acte de ſa ſouveraineté.* L'homme eſt donc né pour gouverner. Celui qui porte le ſceptre, & celui qui manie une houlette, ſont de véritables gouverneurs. Prenons un homme qui ſe donne pour le dernier de tous, prenons celui qui a fait le ſacrifice de ſa liberté, & qui craignant d'être livré à ſa propre conduite, s'eſt abandonné à celle d'autrui, diroit-on pour cela qu'il a renoncé à ſa qualité de Gouverneur? N'eut-il que le gouvernement d'une porte, le ſoin d'une cuiſine, celui du linge, ou des légumes, il exerce ſa prévoyance, ſa patience, & ſa dexté-

lorsqu'à son ordre, ils passerent en revue deux à deux devant lui. Chaque espece d'animaux avoit sa compagne pour se reproduire; Adam étoit seul : Dieu eut pitié de son état, & voulant achever de le rendre heureux, il l'assoupit; & d'une côte tirée sans douleur de son côté, il en forma la femme. Eve paroît comme un astre nouveau, sortant des mains de Dieu; pouvoit-elle n'être pas belle? Adam retiré du sommeil, la voit avec une joye mêlée de surprise & d'amour; un instinct

---

rité; il gouverne; il est utile & estimable, c'est un homme; mais dès qu'il cesse de gouverner, il dégénere; la raison & la vertu deviennent stériles en lui, il rentre alors dans le premier état de l'homme; il n'est plus qu'une masse de boüe, ou tout au plus une belle statue, une vaine idole. *Spect. de la Nat. tom. 5. p. 24.*

ſecret la lui fait reconnoître pour ſa chair [1]. Il la deſira, & il la reçût pour épouſe des mains de Dieu ; ſon bonheur ne lui coûta qu'un ſoupir. Le Créateur puiſſant ayant par là perfectionné ſes ouvrages admirables, ſe retira dans le Ciel, ne ſe réſervant ſur la terre qu'il avoit donnée à l'homme, qu'un hommage d'adoration, d'amour, & de fidélité. Déja nous célébrions ſon aimable innocence, & nous chantions l'heureux hymenée qui devoit donner à la terre une race peu inférieure aux Anges ; ils euſſent envié le bonheur d'Adam, ſi des eſprits abſorbés dans la jouiſſance de leur Dieu, pouvoient être ſuſceptibles de deſirs. Nous vîmes Adam &

---

1 *Pour ſa chair.* Hoc nunc os de oſſibus meis, & caro de carne mea. *Geneſ. c.* 2.

Eve, innocens & fideles pendant quelques instants; mais bientôt nous les vîmes désobéissans, & coupables. O infortunés enfans d'Adam, ce fut sous l'arbre de la science du bien & du mal [1], & pour une pomme que votre mere Eve, la mere du genre humain, perdit son innocence & sa vertu. O douleur! O perte, qu'un Dieu seul pouvoit réparer!..... Pieux Galiléens, dispensez-moi de vous détailler un crime qui fut le scandale du Ciel, & le malheur de la terre. Satan prévalut par artifice; la femme tomba par crédulité; & l'homme se perdit par foiblesse. A l'instant nos concerts cessent; nous quittons l'*Eden*; nous

---

2 *Sous l'arbre de la science du bien & du mal.* Sub arbore malo suscitavi te; ibi corrupta est mater tua, ibi violata est genitrix tua. *Cant. Cant. 8. 5.*

livrons les coupables au remords; leur bonheur s'évanouit, leur joye pure se change en deüil, leur paix intérieure en trouble, & leurs plaisirs en inquiétudes. Dès que l'homme eut prévariqué, le Ciel n'eut plus pour lui que des rigueurs [1], & la terre que des ronces & des épines. Il perdit son

---

1 *Le Ciel n'eut pour lui que des rigueurs.* Par quel moyen ce changement terrible a-t-il pû s'opérer? Une ligne déplacée dans la nature suffit à Dieu pour en changer la face. Il prit l'axe de la terre, & l'inclina quelque peu vers les Etoiles du Nord. Cette interruption de l'ordre ancien, parut introduire de nouveaux Cieux, & une nouvelle terre. Par cet abbaissement de l'axe, l'équateur se trouva nécessairement un peu plus bas que le Soleil d'un côté, & un peu plus haut de l'autre. Tous les feux du Soleil, se firent sentir en ce moment dans un hémisphere, & le froid le plus aigu dans un autre. *Spect. de la Nat. tom. 3. p. 526.*

empire; les animaux qui lui étoient soumis, se crurent dispensés de leur obéissance; ils changerent leur amour en haine, & leur douceur en cruauté; ils lancèrent sur lui un regard farouche & sauvage, qui depuis leur est toujours resté empreint sur le front. Aussi-tôt avec des cris aigus, & des sons lamentables, franchissant les vertes palissades d'*Eden*, & abandonnant pour toujours ce jardin de délices, ils allerent se perdre dans les déserts, & les sombres forêts de la terre, pour la peupler de monstres féroces, & carnaciers, toujours prêts à s'entredétruire [1], & à dévorer l'hom-

1 *A s'entre-détruire*. Antipathie irréconciliable entre le *Scorpion*, & le *Crocodile* qui cherchent réciproquement à se tuer. Entre l'*Eléphant* & le *Pourceau*; entre le *Lion* & le *Coq*; entre le

me en haine de son péché [1].

Corbeau & le *Hibou* ; entre le *Loup* & la *Brébis* ; entre le *Crapaut* & la *Belette* ; entre le *Chat* & le *Rat* ; entre le *Basilic* & l'*Homme*, qui se tuent par leurs regards, au sentiment des Naturalistes.

1 *A dévorer l'homme en haine de son péché.* On peut appliquer à la révolte des animaux contre l'homme, ce que dit *S. August.* au sujet de la révolte du corps contre l'ame. *Injustum erat ut obtemperaretur à servo suo, qui non obtemperaverat Domino suo.* L'homme désobéïssant à Dieu son Seigneur, a dû voir par un juste retour, les Etres irraisonnables se soustraire aux Loix du maître, que le Créateur avoit établi sur eux. La désobéïssance du premier homme, a donc été l'origine du renversement de l'ordre, & dans le moral & dans le physique. C'est ce qu'on voit parfaitement décrit dans l'excellent Poëme *de la grandeur de Dieu dans les merveilles de la nature*, d'où j'ai emprunté cette note. L'ingénieux Auteur s'y explique en ces termes :

Cependant le Créateur assis sur son trône immuable, goûtoit le repos du septiéme jour, qui avoit terminé la création : les neufs chœurs des Anges qui l'environnent, célébroient sa gloire par les sons éclattans de dix mille harpes célestes, « Souverain des » Anges & des hommes, lui di» soient-ils, Seigneur, que votre » nom est admirable [1] sur la ter-

---

Les plus fiers animaux devoient te respecter,
Homme ; mais contre Dieu tu t'oses révolter ;
Eux-mêmes contre toi soudain ils se mutinent,
Pour punir ta révolte, à te nuire ils s'obstinent.
Le Tygre & le Lion, le Léopard & l'Ours,
Tout se ligue, tout s'arme, & menace tes jours,
L'insecte devient même un fléau redoutable.
Du tyran de Memphis, il infecte la table.
L'Egyptien par lui, voit ses champs ravagés.
Antiochus par lui, voit ses membres rongés.
Pour semer l'épouvante au sein de vingt Provinces,
Pour noyer quand il veut, leurs peuples & leurs Princes.
Que faut-il à ce Dieu, formidable vengeur,
L'imperceptible dent d'un vermisseau rongeur ?

1 *Que votre nom est admirable.* Do-

» re, & que votre magnificence » est bien exaltée au-dessus des » Cieux. Pour détruire vos enne- » mis, & abattre sans ressource » l'ancien rebelle qui est leur » chef, vous avez mis aujour- » d'hui votre louange dans la » bouche des enfans que vous » venez de créer, & ausquels » vous avez donné le lait de vo- » tre sagesse. Nous verrons tou- » jours vos Cieux, ouvrages de » vos mains, la Lune & les étoi- » les que vous y avez placé : qu'é- » toit-ce que l'homme ? & qu'est- » il encore pour mériter vos fa- » veurs, & le brillant empire » que vous lui destinez ? Vous » l'avez créé peu inférieur à vos » Anges, & vous l'avez couronné » d'honneur & de gloire. Vous

---

mine Dominus noster quam admirabile est nomen tuum. *Psalm. 8. v. 1. & seq.*

» l'avez établi ſouverain ſur tous » vos ouvrages ; vous avez ſou- » mis à ſon domaine, tout ce » qui a été créé, & qui reſpire ; » les animaux qui marchent ſur » la terre ; ceux qui en nâgeant, » meſurent les ſentiers immen- » ſes des mers ; ceux qui volent » dans les eſpaces infinis des airs, » tous plient ſous le joug de » l'homme & s'avouent ſes ſu- » jets : ô Dieu, que votre nom » eſt admirable ſur la terre !

C'étoient ſur ces tons ineffa-bles que les eſprits immortels exaltoient la bonté de Dieu, & la dignité de l'homme ; lorſque la voix audacieuſe de ſa révolte perça juſqu'au Ciel, & vint en troubler le repos & la joye. L'Eternel l'entendit ce cri téméraire; il laiſſe tomber ſes regards ſur le jardin profané, le coupable ſe cache en vain ; il l'appelle, & ne voyant plus en lui qu'une honteuse nudité, il le méconnoît; sa fureur s'allume; & déja le bras vengeur qui devoit anéantir le coupable, étoit levé: déja la foudre qui grondoit dans les mains redoutables du Tout Puissant, alloit partir; elle partoit: quand le Verbe, qui de toute éternité, possede avec Dieu l'essence divine sans la diviser, & qui forme avec l'esprit Paraclet [1], une trinité aussi adorable qu'incompréhensible, le Verbe arrêta le bras de son pere [2]: » Dieu Saint, lui dit-

1 *Paraclet.* C'est-à-dire, *consolateur.*

2 *Le Verbe arrêta le bras de son pere.* Prorsus numquam sic apparet benignitas gratiæ, & liberalitas omnipotentiæ Dei, quam in homine mediatore Dei & hominum, homine Christo Jesu. Quid enim dicimus, fratres mei: in fide catholica nutritis loquar, vel in pacem catholicam lucratis; novimus & tenemus

» il, divinité redoutable : l'hom-
» me n'a que trop mérité les traits
» de votre justice ; & la mort qui
» doit être une juste suite de
» son crime, va le priver de l'im-
» mortalité ; mais qu'il périsse
» tout entier, & qu'il rentre ab-
» solument dans ce néant d'où
» votre sagesse vient de le tirer,
» j'en appelle à votre bonté ! la
» miséricorde ne vaut-elle pas
» mieux que le sacrifice [1] ? Pres-
» crivez lui ceux qui vous sont

---

mediatorem Dei & hominum, hominem Christum Jesum, in quantum homo erat, ejus esse naturæ cujus & nos sumus; non enim alterius naturæ caro nostra, & caro illius; nec alterius naturæ anima nostra, & anima illius; hanc suscepit naturam quam salvandam esse judicavit. *S. August. de Verb. apost. serm. 8.*

1 *Que le Sacrifice.* Quia misericordiam volui & non sacrificium. *Osée c. 6. 6.*

» agréables, désignez lui les vic-
» times[1] qui pourront vous appai-
» ser ; sa main & son cœur do-
» cile, expieront par leur hom-
» mage, une fragilité de surprise.

Nul présent de ses mains est acceptable à mes yeux, répondit l'Eternel dans sa colere. L'homme a commis un attentat, qu'il n'est pas capable de réparer. S'il dresse des autels pour m'offrir des victimes insuffisantes, loin

1 *Désignez lui les victimes.* Le Pere (Adam) & ses descendans se confessent pécheurs, ils avouent qu'ils n'ont plus de droit à la vie, & mettent le sang d'une victime à la place du leur pour exprimer leur disposition ; mais le sang des taureaux & des boucs peut-il remplacer celui de l'homme, & expier son péché ? Non, il n'en est que l'aveu ; & cet aveu suffisoit cependant pour rendre l'offrande d'Abel plus parfaite que celle à laquelle Caïn continuoit à se borner. *Spect. de la Nat. tom. 8. Prepar. Evang. p. 72.*

d'exaucer ses vœux, je foudroyerai l'autel, & le Ministre impur... Déja c'est trop retarder son châtiment....

Dieu puissant, s'écria le Verbe, suspendez vos justices : si l'homme a pû vous offenser, & ne peut vous satisfaire, me voici [1]; prenez-moi pour victime; acceptez ma médiation; l'homme a péché; l'homme doit être puni; mais ce sera moi qui serai l'homme : je me revêtirai d'un corps mortel; j'unirai la *divinité* à une chair fragile, afin que l'*humanité* divinisée en ma personne, puisse vous être un holocauste de propitiation & de salut.

Il dit, & la foudre tomba des

---

1 *Me voici*. Sacrificium & oblationem noluisti, holocaustum & pro peccato non postulasti, tunc dixi *ecce venio*. *Psalm* 39.

mains de l'Eternel, qui lui répliqua d'un ton radouci, » Verbe » chéri, quel projet méditez- » vous ? Quelle entreprise osez- » vous tenter ? Elle n'est point » au-dessus de votre pouvoir, ni » de vos forces ; puisque rien ne » vous est impossible, soit sur la » terre, soit dans le Ciel ; mais » vous qui êtes de toute éterni- » té, & qui serez toujours, lors- » que toutes choses auront cessé » d'être, pourquoi quitter le sein » paternel, où vous jouissez de » vous-même en me possédant, » pour courir à des travaux hu- » milians, & pénibles ? voulez- » vous exposer notre divinité à » de nouveaux outrages ? «

Puisque l'homme, repartit le Verbe, ne peut être sauvé que par un Dieu[1] ; accordez-moi la

1 *Sauvé que par un Dieu.* Si l'hom-

gloire de le réhabiliter dans ses droits : je l'arracherai des mains de Satan ; ma victoire lui rouvrira ce Paradis, que son crime lui a fermé, je l'y conduirai moi-même ; je m'y engage, je suis Dieu, & dans Dieu, la volonté fait la puissance.

Vous le voulez, repliqua l'E-

---

me nouveau, formé à la ressemblance de la chair du péché, n'eut point revêtu notre humanité, & de consubstantiel qu'il est à son pere, il n'eut pas daigné se faire consubstantiel à sa mere, & s'unir à notre nature, quoique seul libre de péché, toute la race humaine gémiroit encore captive sous le joug du Démon. *Nisi enim novus homo factus in similitudinem carnis peccati, nostram susciperet vetustatem, & consubstantialis patri, consubstantialis esse dignaretur & matri, naturamque sibi nostram solus à peccato liber uniret : sub jugo Diaboli generaliter teneretur humana captivitas.* S. Leon Pap. Epist. 13. ad Pulcheriam Augustam.

ternel, c'en est assez : j'épargne l'homme : je suspens mes justices ; mais songez que lorsque les tems de satisfaction seront arrivés, vous deviendrez la victime volontaire de votre amour ; préparez-vous à épuiser tous les traits de ma colere ; en vain alors demanderiez-vous grace pour vous-même quoiqu'innocent, je vous méconnoîtrai sous la ressemblance du coupable ; & je jure de ne m'appaiser que par l'entiere effusion de votre sang. Mais lorsque ce grand sacrifice sera consommé, ma colere mourra ; elle est morte : déja je vois mon Verbe, triompher de l'enfer. Satan lié à son char, frémit de voir briser les chaînes de l'homme qu'il avoit subjugué ; vous revenez victorieux ; vous reprenez votre place à ma droite ; votre victoire vous rend maître absolu de tous les trésors de ma grace. Vous y puisez sans les tarir; vos mérites sont plus que suffisans pour réconcilier toute la postérité d'un coupable ; & la rédemption qui est votre ouvrage , devient d'un prix infiniment supérieur à la création[1].

Ainsi Dieu parla ; le Verbe

---

1 *D'un prix infiniment supérieur à la création.* Vehementer quidem nobis, dilectissimi , vir unus , est mulier una, nocuere ; sed gratias Deo , per unum nihilominus virum, & mulierem unam, omnia restaurantur, nec sine magno fænore gratiarum. Neque enim sicut delictum , ita & donum : sed excedit damni estimationem, beneficii magnitudo. Sic nimirum prudentissimus , & clementissimus artifex , quod quassatum fuerat , non confregit , sed utilius omnino refecit; ut videlicet novum formaret adam ex veteri , & Evam transfunderat in mariam. *Bernard. serm. de Verbis Apoc. c. 12. signum magnum.*

ſouſcrivit, s'immola [1], & le châtiment dû au péché de l'homme, demeura ſuſpendu juſqu'aux jours marqués pour une ſolemnelle réparation. Dès que le Verbe eût obtenu de ſon pere l'emploi de *Médiateur*, le Ciel ne fut plus occupé qu'à lui préparer ſes voyes. Des hommes héroïques produits de ſiécle en ſiécle, le figurérent dans leurs perſonnes, le peignirent dans leurs écrits; & ce fut par la voix de ces différens oracles, que Dieu fit annoncer ſon fils dans le monde. Tel un puiſſant Monarque ſe fait précéder par ſes Ambaſſadeurs,

1 *Le Verbe ſouſcrivit, s'immola.* Jeſus-Chriſt a été immolé dans les Décrets de ſon Pere dès le commencement du monde, lorſqu'il offrit ſa médiation. *Agnus qui occiſus eſt ab origine mundi. Apoc. 13.*

&

& envoye devant lui des Ministres & des Héros à son peuple qui gémit sous le joug de l'Etranger, pour lui apprendre qu'il va venir le délivrer. Tel le Sauveur du monde est figuré, & préconisé chez le peuple Hébreu par ses Patriarches, & ses Prophètes [1]. Quels desirs quand il est

1 *Par ses Patriarches & ses Prophètes.* *Abel* figura le *Messie* en expirant sous les coups de l'envie de son injuste frère; *Noë* le figura par sa justice, & par le titre de *Sauveur du monde*, qu'il recueillit dans son Arche. *Melchisedech* le figura par sa Royauté, son Sacerdoce & son sacrifice. *Abraham* le figura par sa foi; *Isaac* par son obéissance & son oblation. *Jacob* par ses épreuves & sa constance; *Joseph* par sa chasteté, son humilité, son innocence opprimée & calomniée, par ses humiliations & ses grandeurs. *Job* par sa patience & sa résignation; *Tobie* par sa charité. *Moïse* le figura par les titres de Législateur &

encore éloigné ! quels ſoupirs ,

---

de Prophète, de vainqueur de Pharaon, de Libérateur, de Chef & conducteur du peuple de Dieu. *Aaron* le figura comme Souverain Prêtre par ſon entrée dans le Saint des Saints. *Joſué* le figura par l'introduction du peuple élu dans la terre promiſe. *Samſon* par ſa force. *Samuel* par la Sainteté de ſon Sacerdoce, & ſa qualité de Juge du peuple. *David* par ſes conquêtes & ſes victoires. *Salomon* par ſa gloire & la ſageſſe de ſes jugemens. *Elie* par ſon zèle, & ſes miracles ; *Zacharie* par l'effuſſion de ſon ſang entre le Temple & l'Autel ; les *Machabées* par leur piété, leur zèle, leurs ſouffrances, leur martyre. Après que les Patriarches l'ont repréſenté dans leurs perſonnes, les Prophètes l'annoncent dans leurs écrits. *David* dans ſes poëſies myſtérieuſes dépeint J. C. dans tous les états de ſa vie mortelle. *Salomon* le déſigne ſous des paraboles myſtiques, & dans ſes pieux cantiques il exprime les chaſtes transports de Jeſus-Chriſt pour l'Egliſe ſon Epouſe. Le *Sage* par ſes maximes, prépare à celles que

quand ils le voyent prêt à deſ-

Jeſus-Chriſt doit prêcher, l'*Eccléſiaſte* démontre la vanité des choſes de la terre, & dicte une prudence Chrétienne long-tems avant le Chriſtianiſme. *Jonas* qui le repréſente par ſon tombeau & ſa réſurrection, déſigne la converſion des Gentils par celle des Ninivites. *Iſaïe* prédit avec force les malheurs des Juifs & leur captivité ; il annonce clairement le *Meſſie*, il connoit ſon origine, le voit deſcendre des Cieux, le voit naître, le ſalue, le nomme, lui parle, l'adore, voit venir les Rois de l'Orient, détaille leurs hommages, leurs adorations, leurs préſens à ce Sauveur. *Jeremie* au ton plaintif, annonce le maſſacre des enfans de Rachel dans Rama. Il pleure ſur l'endurciſſement des Juifs à méconnoître leur libérateur, il prédit leur captivité, & la déſolation du Temple. *Ezechiel* éleve une voix menaçante, & fulmine l'anathême contre les Juifs, s'ils ne retournent à leur Dieu ; il prédit le régne du *Meſſie* ſous les emblêmes les plus ſublimes. *Eſdras* chante la fin de la capti-

cendre ! quels ravissemens quand

---

vité sous *Cyrus*, & la réédification du Temple. *Daniel* dans ses visions prophétiques, annonce les révolutions du monde entier, voit passer les quatre grands Empires de la terre, comme des songes rapides dans le court intervalle d'une nuit ; il suppute les tems, & compte les soixante-dix semaines, après lesquelles le *Messie* doit paroître, & être mis à mort. *Michée* menace Jérusalem, & Samarie sur leurs désordres. *Nahum* chante les victoires de J. C. sur ses ennemis, annonce ses vengeances & ses fleaux sur l'adultere Ninive. *Habacuc* dans son Cantique l'invoque nommément, & met sa confiance en lui. *Sophonie* invective contre les impies ; *Aggée* reprend les Juifs sur leur indolence à relever le Temple ; il prédit la gloire d'un nouveau Temple, dont l'éclat effacera l'ancien. Enfin *Zacharie* annonce que J. C. sera le seul Prêtre éternel, & de quelle maniere il entrera dans Sion lorsqu'il y viendra comme Roi débonnaire. Il désigne l'*Eucharistie*, & le Sacrement de l'Autel sous les deux espéces ; il

ils le voyent naître ! quelle dou-

compte le prix de la trahiſon qui doit le livrer à ſes ennemis, & le genre de ſa mort; la déſolation de Jéruſalem impénitente, & la réédification de la Jéruſalem nouvelle. *Joël* prédit la deſcente de l'eſprit conſolateur, les dons de prophétie nouvelle, & le grand jour du Seigneur à la fin des ſiécles. Mais Dieu ne ſe contenta pas de faire proclamer ſon Fils par ſes *Patriarches* & ſes *Prophètes*, il voulut encore que des *Prophèteſſes* remplies de ſon eſprit, & que des héroïnes qui n'avoient de leur ſexe que l'extérieur, le repréſentaſſent. *Debora* le figura par ſa ſageſſe dans les fonctions de juge, & de conductrice du peuple; elle figura l'Egliſe victorieuſe & triomphante. *Ruth* figura la vocation des Gentils à cette Egliſe; *Anne* le chanta dans ſon Cantique; lorſqu'elle préſenta ſon fils Samuel dans le Temple, elle figura Marie Mere de J. C. *Judith* le figura en abbattant la tête d'Holophernes, image de Satan. Enfin *Eſther* le figura ſous le titre de médiatrice auprès d'Aſſuerus, en obtenant grace pour ſa nation proſcrite.

leur quand ils le voyent souffrir ! quels transports quand ils le voyent vaincre, triompher, régner ! à mesure qu'il avance, les Oracles sacrés le désignent plus clairement. Et la Prophétie éclaircit la Prophétie [1].

---

1 *La Prophétie éclaircit la Prophétie.* La premiere est celle qui fut faite à Adam, que *le Fils de la femme* écraseroit la tête de celui qui étoit l'auteur de la séduction & de la mort ; mais la premiere lueur d'espérance qui nous est donnée, nous oblige par sa généralité même à faire des recherches, & à demander, quel est *ce fils de la femme*, & dans quelle famille nous pourrons le trouver ? Une seconde Prophétie commence à nous fixer ; c'est dans la postérité d'*Abraham*, que toutes les nations recevront la bénédiction promise. Mais est-ce d'*Agar*, ou de *Cethura* qu'il doit descendre ? Non : une troisiéme Prophétie nous apprend que c'est de *Sara. In Isaac vocabitur tibi Semen.* Mais *Isaac* a deux fils : faudra-t'il chercher la postérité si désirée dans la famille d'*Esaü* ? Une quatriéme

Déja quatre mille ans s'étoient écoulés, depuis que l'innocence de l'homme s'étoit éclipsée avec ses beaux jours; que ce terme ne vous paroisse pas un intervalle trop long, entre la chute de l'homme & sa réparation. Mille ans [1] aux yeux de Dieu, sont comme un de ces jours d'hyver, où le

---

Prophétie nous avertit de l'attendre de *Jacob* : la cinquiéme va plus loin; elle écarte toutes les autres tribus, pour placer notre attente dans la tribu de *Juda*. Il en viendra encore d'autres qui resserreront le privilége de soumettre, & d'éclairer les Nations dans la branche de *David*; toutes ces Prophéties n'en sont donc proprement qu'une, qui nous rend attentifs par de nouveaux degrés de lumiere successivement ajoutés aux précédentes, qui nous conduit de famille en famille, & de circonstances en circonstances, au *Fils de Marie. Spect. de la Nat. Prépar. Evangel. tom. 8. p. 223.*

1 *Mille ans.* Mille anni ante oculos tuos, tanquam dies hesterna quæ præteriit. *Psalm. 81.*

Soleil rendu pareſſeux par les frimats, commence comme malgré lui une courſe qu'il abrege, & précipite en courant. Ainſi quatre mille ans, ne ſont qu'un ſeul point devant Dieu.

Déja toutes les figures commençoient à diſparoître ; & les Prophètes manquoient [1] dans Iſraël depuis pluſieurs ſiécles. Déja le calcul des tems [2], déterminé

---

1 *Les Prophètes manquoient.* Il reſtoit environ cinq cens ans juſqu'aux jours du *Meſſie* ; Dieu donna à la majeſté de ſon Fils, de faire taire les Prophètes durant ce tems, pour tenir ſon peuple en attente de celui qui devoit être l'accompliſſement de tous les Oracles. *Boſſ. Diſc. ſur l'Hiſt. Univ.*

2 *Calcul des tems.* Dieu, *eſt-il dit à Daniel*, a déterminé le tems de ſoixante-dix ſemaines (chacune de ſept ans) ſur votre peuple & ſur votre ville ſainte, afin que les prévarications ſoient abolies ; que le péché trouve ſa fin ; que

par Daniel, fixoit à celui-ci l'é-

---

l'iniquité soit expiée ; que la justice éternelle vienne sur la terre ; que les visions & les Prophéties ayent leur accomplissement ; & que le regne du Saint des Saints arrive. Sachez donc, & comprenez que depuis l'ordre qui sera donné de faire retourner, (le peuple) & rebâtir Jérusalem, jusqu'à ce que le *Messie* exerce son pouvoir, il y aura sept semaines (quarante-neuf ans) puis soixante & deux semaines (ou 434. ans.) On fera le retour, & on rebâtira l'intérieur aussi-bien que les murailles de la Ville, dans le plus court de ces deux tems, (*in angusto vel minimo horum temporum :*) viendront ensuite les soixante & deux semaines, après l'écoulement desquelles le *Christ* sera rejetté & mis à mort. Enfin l'armée d'un chef qui doit venir détruira la Ville & le Sanctuaire ; la ruine en sera précédée d'un déluge (de maux). C'est à la fin de cette guerre, qu'arrivera l'entiere désolation. Une semaine (qui succédera aux précédentes, & sera la derniere des soixante-dix), consommera l'alliance à

poque de la délivrance : les peuples étonnés, quoique ſoumis, voyoient le ſceptre de Juda transféré aux mains de l'Etranger. L'Hébreu attentif aux événemens prédits par les Oracles, avoit ſans ceſſe les yeux ouverts ſur l'Orient, pour découvrir le *Meſſie* : tout Iſraël vivoit dans cette attente, lorſqu'un jour du haut de ſon trône ſublime, l'Eternel m'appella, & me parla en ces termes.

Gabriel, de tous les emplois [2]

---

laquelle pluſieurs auront part, & une des deux moitiés de cette ſemaine, mettra fin aux ſacrifices ſanglans, & aux offrandes ordonnées. *Daniel 9. Spect. de la Nat. tom. 8. 2. part.*

2 *De tous les emplois*. Gabriel eſt envoyé à Marie parce que ſon nom ſignifie *la force de Dieu*. Car il venoit annoncer celui qui a daigné apparoître humble & foible ſous notre chair mortelle, pour combattre & terraſſer les

brillans dont je t'ai chargé jusqu'à

Puissances Aëriennes. Il est neuf ordres d'Anges que nous connoissons par le témoignage de l'Ecriture Sainte. Les *Anges*, les *Archanges*, les *Vertus*, les *Puissances*, les *Principautés*, les *Dominations*, les *Trônes*, les *Chérubins* & les *Seraphins*. Il faut sçavoir que le nom d'*Ange* est une dénomination d'*emploi*, & non de *nature*. Car ces Esprits, purs habitans de la céleste Patrie, sont toujours des Esprits ; mais on ne sçauroit toujours les appeller *Anges*, parce qu'ils ne portent ce nom que lorsqu'ils sont revêtus de quelques commissions, ou qu'ils sont envoyés pour annoncer quelque évenement. Ceux qui sont chargés des grandes ambassades, sont appellés *Archanges* ; ceux qui exécutent des commissions de moindre importance, se nomment *Anges*. C'est pourquoi ce ne fut pas un Ange ordinaire ; mais l'Archange *Gabriel* qui fut envoyé à *Marie*, & il étoit bien convenable qu'un Ange du premier ordre, fut revêtu d'un ministere qui annonçoit le plus grand de tous les évene-

ce jour, voici le plus noble & le plus mystérieux : il s'agit de conclure le fameux traité d'une alliance nouvelle entre le Ciel & la terre; prépare-toi pour la plus célébre ambassade qui fut jamais. A Nazareth, ville de la basse-Galilée, est une Vierge de la race Royale de David; on la nomme *Marie*. C'est elle que de toute éternité j'ai choisie pour concevoir mon *Verbe*, Dieu homme, qui au prix de tout son sang doit racheter l'homme & sa postérité captive. Tel le lys éblouissant parmi les épines; telle ma bien-

---

mens. Ces Ambassadeurs célestes sont connus par des noms particuliers qui caractérisent leur mission, & leurs vertus. Le nom de *Michel* signifie, *qui est donc semblable à Dieu*; le nom de *Gabriel* signifie *la force de Dieu*, & celui de *Raphaël*, *la vertu de Dieu*. S. Grégoire Pap. Hom. 34.

aimée entre les filles d'Adam [1]. Elle est la plus pure de toutes les créatures qui ont existé, & qui existeront jamais. Dès le premier instant de sa conception [2] je l'ai

---

1 *Entre les filles d'Adam.* Sicut lilium inter spinas, sic amica mea inter filias. *Cant. Cant.* 2.

2 *De sa conception.* L'immaculée Conception de la sainte Vierge n'est point un dogme de foi, & a toujours été agitée dans les écoles, & les a divisées. *Sixte IV.* de l'Ordre des Franciscains, laissa la liberté de tenir l'affirmative ou la négative sur cette question, quoiqu'il panchât pour l'affirmative. Le Concile de Trente *Sess. 6.* n'a rien voulu non plus décider sur le fond de cette question. Néanmoins dans la *cinquiéme Session* en 1546. il excepta la *sainte Vierge* du Décret qui porte que tous les hommes sont conçus dans *le péché originel*, en déclarant à la fin de ce Décret, que son intention n'étoit point d'y comprendre *la sainte Vierge*, mais qu'il falloit observer sur

préservée de la tache originelle

---

ce sujet les constitutions de *Sixte IV.* sur la fin du XVI. siécle, *Maldonat* Jésuite ayant agité dans ses leçons de Théologie la question de l'*Immaculée Conception de la sainte Vierge* comme un problême. Les Théologiens de Paris en furent choqués, le Recteur de l'Université en porta ses plaintes *à Pierre de Gondi* Evêque de Paris, qui se déclara pour *Maldonat ;* & donna une Sentence en sa faveur en 1575. La Faculté de Théologie fit au contraire une conclusion par laquelle elle déclaroit que l'opinion de l'*Immaculée Conception* étoit de foi ; cette conclusion de la Faculté irrita l'Evêque de Paris, qui excommunia le Syndic & le Doyen de la Faculté. Ceux-ci appellerent comme d'abus au Parlement ; la Cause y fut plaidée en présence de l'Evêque ; il fut ordonné que les deux Docteurs seroient absous *ad Cautelam ;* & l'affaire en demeura là au Parlement. Mais le Pape *Grégoire XIII.* confirma la Sentence de l'Evêque. Depuis ce tems-là les Théologiens de la Faculté de Paris, soutiennent communément l'opinion de l'*Im-*

qui défigure tous les enfans de ce rebelle; je l'en ai exemptée par un effet de ma grace [1] toute puissante; privilége qui n'eût & n'aura jamais d'exemple; privilége accordé à elle seule, parce qu'étant destinée à concevoir un Dieu dans son sein, il convenoit à la dignité [1] du mystére, que non-seulement sa chair ne fut point souillée d'aucune tra-

---

maculée Conception, mais non point comme un dogme de foi. *Raymond Lulle* a fait un Traité par lequel il prouve la Conception de la sainte Vierge sans *péché originel*.

1 *Exemptée par un effet de ma grace.* Quoniam futurum erat ut Dei genitrix & Virgo ex anna oriretur, natura gratiæ fœtum antevertere minimè ausa est. Verùm tantisper expectavit dum gratia fructum suum produxisset. *S. Joan. Damasc. Serm. de B. Virg.*

1 *Il convenoit à la dignité.* Decens erat ut eâ puritate niteret quâ major sub Cœlo nequit intelligi, cui Deus Pater

ce de péché, mais même qu'elle n'y eût jamais été soumise un seul instant. C'est en vertu de cette préservation spéciale, que les graces extérieures dont je l'ai ornée doivent céder aux graces intérieures dont je l'ai remplie. Son ame est digne de la beauté de son corps, & son corps pur est seul digne de donner le jour à mon Fils. Telle est ma volonté suprême. Ministre de mes ordres, hâtes-toi, descends à Nazareth, va saluer *pleine de grace*, celle que j'ai bénie par préférence à toutes les femmes; pars : je dépose mes pleins pouvoirs dans tes mains fidéles; le fruit de tes négociations pacifiques, sera le salut de tous les hommes.

---

unicum filium suum dare disponebat, ut naturaliter esset, unus idemque communis patris, & Virginis Filius. *Ansel. lib. de Concept. Virg.*

Dieu cessa : j'obéis. A l'instant je me forme un corps d'air[1], j'em-

---

1 *Un corps d'air.* Origene *lib. de Princip.* S. Ambroise *de Arcâ Noë*, S. Basile *de Spiritu Sancto. c. 16.* S. Justin Martyr *in Apoll. 1. p.* Sellus *de Dæmone. pag. 173.* Lactance *de divin. Instit. lib. 11.* S. Augustin *de civitate Dei. lib. 11. c. 23.* S. Athanase *de Comment. essent Pat. Fil. & Spir.* S. Chrisostome *in Genes.* S. Thom. d'Aqu. *Summ. 1. 2. Distinct. 12.* prétendent que les Anges ont un corps composé d'une matiere extrêmement fluide & légere. Je n'oserois décider, *dit S. Augustin*, si les Esprits sont revêtus d'un corps construit d'un air subtile. Les Démons, *dit-il, dans un autre endroit*, ont des corps composés d'air épais, grossier & humide, ainsi que des gens doctes l'ont soutenu ; *S. Grégoire le Grand* & *S. Jean Damascene* ont écrit que les Anges sembloient corporels eu égard à Dieu, & incorporels par rapport aux hommes. *Greg. magn. Moral. lib. 11. Joan. Damascen. lib. 11.* Cela se doit entendre des corps qu'ils prennent pour

prunte la figure d'un jeune homme d'une rare beauté, je me ceins les reins d'une zone de teinture céleste, j'attache des aîles à mon dos, puis m'inclinant devant le trône, je prens l'essor, & je cueille en volant une tige de ces lys immortels qui croissent autour du Tabernacle du très-Haut, sur les bords du torrent de volupté. Enflé de la gloire d'un tel message, je m'avance; à mon approche, les larges portes de diamans qui ferment le Ciel, roulerent d'elles-mêmes sur leurs gonds inébranlables. Je pars: non le feu de la foudre qui fend la nue, & parcourt l'hémisphére en un clin d'œil, est moins rapide que mon vol. Je nâge sans efforts dans l'im-

---

se rendre visibles aux hommes, & non des corps qu'ils animent comme l'ame anime le corps de l'homme.

menſe fluide des Cieux ; le Firmament orné des feux immobiles qui pendent à ſa voûte tranſparente, briſe pour moi ſes barrierres de ſaphir, qui le ſéparent de l'Empirée. Déja le Firmament fuit ſous mes pieds. Je perce à travers les planettes. Les douze ſignes du Zodiaque s'inclinent par reſpect devant moi, & les étoiles innombrables que j'écarte en volant, courent ſe ranger par honneur ſur ma route. Déja le ſoleil ſous mes pieds touchoit au terme de ſa carriere, & arrivoit à ſon couchant ; à peine m'apperçoit-il que me reconnoiſſant pour un des Miniſtres du très-Haut qui avoient aſſiſté à la création, il ſourit de joye, & incontinent appliquant ſes rayons obliques ſur des nuées oppoſées, il en forme un triple pont [1] orné des plus vi-

1 *Un triple pont.* L'Arc-en-Ciel eſt

ves couleurs qu'il renferme dans sa sphere de feu, & me le présente pour me conduire en terre; j'y glisse, je m'abbats sur la ville de Nazareth. Là dans une demeure humble & solitaire, habitoit la chaste fille du pieux *Joachim*[1]. Son oratoire pauvre & modeste, n'avoit pour tout ornement que la simplicité, & l'innocente contemplation. Elle y passoit les jours & les nuits, dans la ferveur de la priere. Instruite par la fidéle Pro-

---

causé par ceux d'entre les rayons du Soleil, qui en entrant dans les gouttes d'une nuée, peuvent y être rompus & réfléchis, de maniere à revenir à l'œil du spectateur placé entre le Soleil, & ces gouttes. D'autres voyent un autre Arc-en-Ciel, chacun a le sien. *Spect. de la Nat. tom. 3.*

1 *Fille du pieux Joachim.* S. Joachim pere de la sainte Vierge étoit plus connu sous le nom d'*Heli* que sous celui de *Joachim.*

phétie, elle soupiroit après son accomplissement ; elle réfléchissoit sur le bonheur de celle que Dieu auroit choisie[1] pour enfanter le *Messie* ; elle la nommoit mille fois heureuse ; elle envioit son sort ; elle l'adoroit en esprit sans la connoître ; une pieuse inquiétude lui faisoit supplier le Ciel d'avancer le tems de ses miséricordes ; elle lui demandoit avec larmes ce libérateur promis, & attendu depuis tant de siécles. Elle le concevoit dans son cœur par ses soupirs, avant de le concevoir dans ses chastes entrailles. Au moment que je parus elle redoubloit la ferveur de ses vœux,

---

2 *Que Dieu auroit choisie.* Virgo regia Davidicæ stirpis eligitur, quæ sacro gravidanda fœtu, divinam humanamque prolem, priùs conciperat mente, quam corpore. *S. Leon Pap. Serm. 1. de Nativit.*

mais déja elle étoit exaucée : à l'éclat de ma face angélique, & à l'air de dignité qui m'annonce, Marie interdite & tremblante, redoute ma présence. O vous, lui dis-je alors, vous sur qui toutes les graces divines vont s'épuiser, auguste Vierge, recevez en ce jour l'hommage du Ministre céleste qui vous annonce votre bonheur.

A ces mots que sa pudeur[1] ne

---

1 *Sa pudeur.* Bonus regendæ castitatis pudor est comes, qui primus in ipso cognitionis ingressu Domini matrem. Commendat legentibus, & tanquam testis locuples, dignam quæ ad tale munus eligeretur, adstruit : quod in cubiculo, quod sola, quod salutata ab Angelo tacet, & mota est in introitu ejus : quod ad virilis sexus speciem peregrinam turbatur aspectus Virginis. Itaque quamvis esset humilis, pro verecundiâ tamen non resalutavit, nec ullum responsum tulit, nisi ubi de suf-

peut soûtenir, Marie se trouble[1]; une rougeur modeste couvre son chaste front; ses yeux qu'elle baisse, & tient fixés en terre, & le silence qu'elle garde, dénotent également son inquiétude & sa crainte; je m'en apperçois, & pour la dissiper je reprens. O heureuse

---

cipiendâ Domini generatione cognovit: ut qualitatem effectus diceret, non ut sermonem refelleret. *S. Ambr. ex lib. officiorum, lib. 1. c. 18.*

1 *Marie se trouble.* Marie ne se trouble pas à la vue de l'Ange, elle étoit accoutumée d'en voir, mais au discours qu'il lui adresse, *turbata est in sermone ejus.* Reconnoissez la Vierge à ses mœurs; reconnoissez-la à sa pudeur, à l'Oracle qu'on lui annonce, au mystere qui s'accomplit. C'est le propre des Vierges de trembler à la vue d'un homme, de redouter les discours des hommes. Que les femmes apprennent à imiter cet exemple de pudeur. *Hom. S. Aug. lib. 2. in Luc.*

Fille de Jessé, ne craignez point [1], vous avez trouvé grace auprès de Dieu ; vous allez concevoir un fils que vous enfanterez. Vous le nommerez *Jesus* ; il sera grand dès son berceau ; le Seigneur lui donnera le trône de *David* son

---

1 *Ne craignez point.* Denique ne tanto ponderi cœlestis fabricæ in Mariâ, subtilis nostri corporis arena succumberet, & in Virginem totius generis humani portatura fructum, virga tenuis frangeretur, fugatura metum vox Angeli mox præcessit, dicens, *ne timeas, Maria.* Ante causam dignitas Virginis annuntiatur ex nomine : nam *Maria* hebræo sermone, Latinè *Domina* nuncupatur. Vocat ergo Angelus Dominam ut Dominatoris genitricem trepidatio deserat servitutis, quam nasci aut vocari Dominam ipsa sui germini fecit, & impetravit autoritas. *Ne timeas, Maria, invenisti gratiam.* Verum est, quia qui invenit gratiam, nescit timere. *Invenisti gratiam. S. Petr. Chisolog. Serm. 142. de Annuntiatione.*

Pere,

Pere, il régnera éternellement dans la maison de *Jacob*, & son regne n'aura point de fin.

Loin de se rendre à un oracle si flatteur, Marie qui ne peut le comprendre, essaye par de sages questions à en développer la vérité, & à s'en assurer la certitude; tant la vertu humble & sévére, est en garde contre l'illusion! O vous, me répondit Marie, les yeux toujours baissés, vous qui paroissez être de beaucoup au-dessus de l'humanité, vous qui m'annoncez tant de grandeurs, si vos paroles flatteuses ne sont point un piége à ma vertu, daignez me dévoiler ce mystére, comment pourra-t'il s'accomplir? Car je me suis vouée au Seigneur dès l'âge le plus tendre; dès le moment qu'on m'a présentée dans son saint Temple[1],

1 *Dans son saint Temple.* Dans l'an-

je lui ai immolé une victime toute nouvelle, vû les préjugés de ma nation ; & j'ai offert à Dieu ma virginité, comme le présent le plus précieux qu'il fût en mon pouvoir de lui consacrer. Or si les grandeurs dont vous me flattez, ne peuvent s'acquérir que par la perte de ma

---

cienne Loi les enfans de l'un & de l'autre sexe, ayant atteint l'âge de douze ans, étoient conduits au Temple comme il se voit dans *S. Luc. chap. 2. 8. 42.* & ils ne pouvoienr être admis à manger la Pâque, ni autres choses consacrées, avant cet âge, & avant que d'avoir été présentés au Temple ; ainsi qu'il est dit par *Hircan livr. 12. chap. 4. de l'Histoire des Juifs. Lex est Filium prohibens vesci immolatis, priusquam ad Templum sacrificii causa venerit.* C'est en conformité de cette Loi que la sainte Vierge fut mise dans le Temple, avec les autres Vierges qu'on y élevoit avec soin.

virginité, j'y renonce : transportez à une autre des prédictions si éclattantes, & des honneurs si distingués; pour moi fidéle au Dieu à qui je me suis consacrée, je ne fais consister ma grandeur & ma gloire, que dans la fidélité que j'ai jurée aux pieds de ses Autels.

Vierge chérie du Très-Haut, lui repliquai-je, calmez vos allarmes; tant de vertus & tant de graces ne sont pas destinées pour des hommes impurs; les créatures ne sont pas dignes de vous posséder; vous seule êtes digne du Créateur, & du mystére qu'il va opérer en vous. Faut-il vous le confirmer par un prodige; sçachez qu'Elisabeth votre alliée, quoique dans les ans de la froide sterilité, a conçu le Précurseur de ce Messie; par un prodige plus incompréhensible encore, l'Esprit de Dieu descendra en vous[1]; la vertu du Très-Haut opérera, vous allez devenir *Mere*[2], sans

---

1 *L'esprit de Dieu descendra en vous.* Audistis hodie, Fratres charissimi, Angelum cum muliere de hominis reparatione tractantem; audistis agi ut homo cursibus eisdem quibus dilapsus fuerat ad mortem, rediret ad vitam; agit, agit cum Mariâ Angelus de salute, quia cum Eva Angelus egerat de ruinâ: audistis Angelum de carnis nostræ limo Templum divinæ majestatis arte ineffabili construentem. Audistis in terris Deum, in Cœlis hominem sacramento incomprehensibili collocari; audistis inauditâ ratione in uno corpore, Deum, hominemque misceri: audistis fragilem nostræ carnis naturam, ad portandam totam deitatis gloriam Angelicâ exhortatione roborari. *S. Petr. Chrisol. Serm. 142. de Annunciat.*

2 *Devenir mere sans cesser d'être Vierge.* Et ne superni ignora consilii ad inusitatos paveret affatus, quod in ea operandum erat à Spiritu Sancto, colloquio discit Angelico, nec damnum

cesser d'être *Vierge* [1] ; & le fruit d'une fécondité si merveilleuse, sera un fruit sacré qu'on nommera *l'Emmanuel Fils du Très-Haut.*

A ces mots qu'une vertu divine rend efficaces, Marie se soumet [2] avec humilité, plongée dans

---

credit pudoris Dei genitrix mox futura. *S. Leon Pap. Serm. 1. de Nativit.*

1 *Sans cesser d'être Vierge.* Etenim tempore quo Angelus loquebatur, *Spiritus Sanctus veniet super te, & virtus Altissimi obumbrabit te ; quod autem nascetur ex te Sanctum, vocabitur Filius Dei ;* & quando natus est Virgo permansit æterna : ad confundendos eos, qui arbitrantur eam post Nativitatem Salvatoris habuisse de Joseph filios, ex occasione fratrum ejus, qui vocantur in Evangelio. *Hieron. in Ezech. Proph. lib. 13. in cap. 44.*

2 *Marie se soumet.* Quemadmodum enim illa (Eva) per Angelicum sermonem seducta est, ut effugeret Deum,

une extase de joye & de reconnoissance, un feu surnaturel colore ses jouës, & anime ses beaux yeux, sans en altérer la douceur; la majesté divine se répand sur toute sa personne; elle éleve ses regards vers le Ciel, & tendant ses mains pures, « Dieu » puissant, s'écrie-t'elle avec » transport, je céde à vos Ora» cles; je remets ma gloire dans » vos mains; & j'accepte la ma» ternité divine aux conditions

---

prævaricata verbum ejus: ita & hæc per Angelicum sermonem evangelizata est, ut portaret Deum, obediens ejus verbo; & sicut illa seducta est ut effugeret Deum, sic hæc suasa est obedire Deo, uti Virginis Evæ, Virgo Maria fieret advocata. Et quemadmodum adstrictum est morte genus humanum per Virginem, solvatur per Virginem: æqua lance disposita Virginalis inobedientia, per Virginalem obedientiam. *S. Iræn. advers. Hæres. lib.* 5. 10.

» de votre parole ſacrée [1]. «

A peine la Vierge choiſie a-t'elle donné ſon humble conſentement aux myſtéres, que le *Verbe* part du ſein de Dieu ſon Pere [2]; ſon eſprit qui procéde de l'un & de l'autre, le devance; & les eſprits

---

1 *Aux conditions de votre parole ſacrée.* Fiat mihi ſecundum verbum tuum. *Luc. 1.*

2 *Le verbe part du ſein de Dieu ſon Pere.* Ingreditur hæc infima Jeſus Chriſtus Dominus noſter de Cœleſti ſede deſcendens, & à paternâ gloriâ non recedens, novo ordine, nova nativitate generatus; novo ordine quia inviſibilis in ſuis, viſibilis factus eſt in noſtris. Incomprehenſibilis, voluit comprehendi; ante tempora manens, eſſe cœpit ex tempore, univerſitatis Dominus, ſervilem formam, obumbratæ majeſtatis ſuæ, dignitate ſuſcepit impaſſibilis Deus, non dedignatus eſt homo paſſibilis, & immortalis mortis legibus ſubjacere. *S. Léon Pap. Serm. de Nat. Domini.*

immortels l'accompagnent aux portes du Ciel avec mille Cantiques. Les Cieux s'inclinent, soudain un torrent de lumiere ineffable éclatte, se répand, & environne l'*auguste épouse*; à la faveur d'une nue claire, mille fois plus perçant & plus prompt que l'éclair, *l'Esprit saint* descend; une odeur d'ambroisie divine, fait sentir sa présence; Marie[1] enyvrée de délices, & entiérement absorbée en Dieu, conçoit & posséde son Verbe, sans rien perdre de sa virginité. Tel le Soleil passant rapidement à travers une glace unie, communique sa lumiere, sa chaleur, & sa fécon-

---

1 *Marie enyvrée de délices.* Exultat Maria & matrem se læta miratur, & de Spiritu Sancto se peperisse gaudet, nec quia peperit innupta, sed quia genuerit cum exultatione miratur. *S. Aug. Serm. 18. de Sanctis.*

dité ſans la briſer, ainſi s'accomplît le myſtére ; une Vierge conçoit, Marie devient mere, la divinité épouſe l'humanité [1]. Le Verbe eſt incarné [2]. Tel ſous le

---

1 *La divinité épouſe l'humanité.* Tunc enim Deus Pater, Deo Filio ſuo nuptias fecit, quando hunc in utero Virginis humanæ naturæ conjunxit ; quando Deum ante ſæcula, fieri voluit hominem in fine ſæculorum. Sed quia ex duabus perſonis fieri ſolet iſta nuptialis conjunctio, abſit hoc ab intellectibus noſtris, ut perſonam Dei & hominis redemptoris noſtri J. C. ex duabus perſonis credamus unitam. Ex duabus quippè, atque in duabus hunc naturis exiſtere dicimus : ſed ex duabus perſonis compoſitum credi, ut nefas vitamus. Apertius ergo atque ſecurius dici poteſt, quia in hoc pater regi filio nuptias fecit, quo ei per incarnationis myſterium ſanctam Eccleſiam ſociavit ; uterus autem genitricis Virginis, hujus ſponſi thalamus fuit. *S. Gregor. Pap. hom. 38. in Evang.*

2 *Le Verbe eſt incarné.* Dei namque

Pôle arctique aux extrêmités du globe terrestre, sur la froide Laponie, région livrée à de longues & ennuieuses ténébres [1]; le pere

---

Filius secundum plenitudinem temporis, quam divini consilii inscrutabilis altitudo disposuit, reconciliandum autori suo naturam generis assumpsit humani, ut inventor mortis Diabolus, per ipsam quam vicerat, vinceretur. *S. Leon Pap. Serm. 1. de Nat.*

1 *D'ennuieuses ténébres.* Sous les Pôles la nuit dure six mois; & la Laponie est si voisine du Pôle Arctique que le Soleil ne s'y couche pas l'été; & que l'hyver il n'y paroît point sur l'horison. Il y a en hyver trois mois de nuit, & autant de jour en été. Le froid qu'on souffre en cette premiere saison est si violent, qu'il n'y a que les naturels du pays qui puissent le supporter. Il prend & arrête toutes choses. Les fleuves les plus rapides se trouvent gelés, & la glace est épaisse d'une, de deux & quelquefois de trois coudées. La châleur n'est guéres moins excessive en Lapo-

du jour reparoissant enfin avec force, vient réchauffer les habitans de ces climats glacés, qui soupiroient après son retour ; telle en ce moment heureux pour tous les hommes, la terre tressaillit de joye [1], se couvrit de fleurs nouvelles, & oublia ses malheurs en la présence du Dieu

---

nie dans l'autre saison, que le froid est grand en celle-ci ; car les Lapons n'ont ni printems, ni automne, quoique le Soleil ne donne pas à plomb sur la terre, les rayons perdent ce qu'ils ont de foible, si-tôt qu'ils entrent dans le signe de l'*Ecrevisse ;* alors leur chaleur s'augmente & continue quelques mois sans qu'elle puisse être modérée par la fraîcheur de la nuit.

1 *La terre trésaillit de joye.* Lætentur Cœli, & exultet terra ; commoveatur mare, & plenitudo ejus, gaudebunt campi & omnia quæ in eis sunt, tunc exultabunt omnia ligna silvarum, à facie Domini quia venit. *Psalm.* 95.

qui venoit les réparer.

Cependant le vainqueur des Nations, César Auguste, après avoir vaincu ses rivaux à la journée d'*Actium* [1], & triomphé du monde entier par les armes, & par la clémence, lui faisoit goûter les douceurs d'une paix profonde; elle régnoit par tout: depuis les rivages brûlans de l'*Indus* [2], de l'*Hydaspe* [3], & du *Gange* [4], jusqu'aux bords glacés du

---

1 *Actium.* Promontoire d'Epire sur lequel il y a une ville du nom d'*Actium*, où *Auguste* gagna contre *Marc-Antoine* la fameuse bataille nommée *Actiaque*, à l'entrée du golfe de *Larta.*

2 *Indus.* Grand fleuve d'Asie qui donne son nom à l'Inde; il prend sa source au mont *Imaüs.*

3 *Hydaspe.* Fleuve d'Asie qui, selon le rapport de *Ptolomée*, couloit du nord au midi, & alloit se rendre dans le fleuve *Indus.*

4 *Gange.* Fleuve de l'Inde, & l'un des

Tanaïs [1], de l'*Euphrate* [2], de l'*Araxe* [3], & des *Palus Méotides* [4], de-

---

plus grands du monde ; il naît du mont *Taurus*, il traverse plusieurs Royaumes & se jette par deux embouchures dans le golfe de Bengale ; il a beaucoup de rapport au *Nil*, se déborde & nourrit des Crocodiles comme lui. Il y a des Auteurs qui croyent que le *Gange* est le *Phison* de la Genese, l'un des quatre fleuves qui sortoient du Paradis terrestre.

1. *Tanaïs*. Fleuve de Moscovie, que ceux du pays appellent présentement *Don*, il sépare l'Europe de l'Asie, il prend sa source dans la province de *Rezan* en Moscovie, passe par un grand nombre de villes, & se jette dans les Palus Méotides.

2 *Euphrate*. Fleuve d'Asie l'un des plus célébres du monde. Il tire sa source du mont *Ararat* dans l'Arménie, se joint au *Tygre* dans son cours, & va se jetter avec lui dans le golfe Persique.

3 *Araxe*. Fleuve d'Arménie.

4 *Palus Méotides*. Grand golfe entre l'Europe & l'Asie au nord de la mer

puis le *Nil* jusqu'au *Danube*[1]; du *Rhin*[2]; au *Tybre*[3]; du *Tage*[4], à

Noire; ses bords sont habités au *Nord* par les petits Tartares; au *Sud* par les Circassiens, & à l'*Ouest* par les Tartares de *Crimée*.

1 *Danube*. Le plus grand & le plus considérable fleuve de l'Europe. Il prend sa source dans la forêt Noire, & après avoir traversé la plus grande partie de l'Allemagne, & des Etats de la Maison d'Autriche, il va se jetter dans la mer Noire; on y pêche dans un endroit près de cette mer, un petit poisson, qui étant mis dans une bouteille pleine d'eau douce avec un peu de sable au fond, annonce par sa tranquillité ou son agitation, les divers changemens de tems beaucoup mieux que tous les thermometres.

2 *Rhin*. Grand fleuve d'Europe, qui prend sa source au Mont *S. Gotard*, au païs des Grisons dans la ligue haute, & qui après avoir traversé une partie de l'Allemagne & des Païs-Bas, va se perdre dans des canaux, au-dessous de Leyde, près de la mer.

l'*Eridan*[5] ; du *Rhône*[6], au *Bo-*

---

3 *Tybre.* Fleuve célébre d'Italie, qui prend sa source à l'Apennin dans la partie orientale du Florentin, vers les confins de la Romagne, & se jette dans la mer de Toscane à Ostie.

4 *Tage.* Fleuve d'Europe, qui prend sa source en Espagne dans la nouvelle Castille aux confins du Royaume d'Arragon, traverse toute la nouvelle Castille, une partie du Portugal, & se jette dans l'Océan Atlantique, à trois lieues au-dessous de Lisbonne.

5 *Eridan.* Fleuve d'Italie communément appellé le *Pô*, il prit ce nom d'*Eridanus*, autrement dit *Phaëton* fils du Soleil, qui selon la fable ayant eu la témérité de conduire le char de son pere, fut précipité dans ce fleuve.

6 *Rhône.* Grand fleuve de France, qui prend sa source dans la montagne de la *Fourche*, à l'extrêmité orientale du *Valais*, passe par le lac de Genêve, à Lyon, & après avoir traversé quelques Provinces méridionales de la France, se jette dans la Méditerranée au golfe dit *de Lyon*.

risthene[1], la discorde étouffée, ne faisoit plus entendre sa voix rauque. La terre & les mers étoient calmes sous le sceptre Romain ; lorsque enflé de ses victoires, & fier de voir l'univers prosterné devant lui, Auguste voulut sçavoir combien le monde comptoit d'habitans, & l'empire Romain de sujets à lui payer tribut. Déja par un édit le dénombrement est ordonné ; & ce dénombrement fut moins une orgueilleuse curiosité de la part de César Auguste, qu'un mystére qui concouroit aux desseins de Dieu ; car son Fils, Monarque éternel

---

1 *Boristene.* Aujourd'hui appellé *Nieper* par les Moscovites, est un grand fleuve de Moscovie, qui après avoir parcouru diverses Provinces, & le grand désert des tartares de *Crimée*, va se jetter dans le *Pont Euxin*, ou la *mer Noire*.

du Ciel & de la terre, étant sur le point de venir régner en personne, il étoit de l'ordre, que César lui remit en main la souveraine puissance, qu'il ne tenoit que de lui, & un état fidéle de tous les hommes[1], qu'il venoit racheter de l'esclavage de Satan.

A cet ordre suprême que l'univers reçoit en suppliant, tout est en mouvement dans les villes & dans les campagnes, tout s'agite; les routes fourmillent de voyageurs; les familles partent pour le lieu de leur origine commune;

---

1 *Un état fidéle de tous les hommes.* Quid est enim quod nascituro Domino mundus describitur, nisi hoc quod aperte monstratur quia ille apparebat in carne qui electos suos adscriberet in æternitate; quo contra de reprobis per prophetiam dicitur, *deleantur de libro viventium, & cum justis non scribantur.* S. Gregor. Pap. hom. 8. in Evang.

le monde entier est enregistré. Un vieillard de profession obscure, mais illustre par ses ayeux autant que par ses vertus, *Joseph* pauvre rejetton [1] de la race royale de David, avoit été donné à *Marie* pour être le gardien de sa virginité sous le titre d'*Epoux* [2]; Dieu l'avoit choisi pour

1 *Joseph pauvre rejetton.* *Joseph* est nommé dans S. Mathieu *fils de Jacob*, parce que *Jacob* étoit son pere selon la nature, & dans S. Luc, *fils d'Heli*, parce qu'il étoit gendre d'*Heli*, autrement dit, *Joachim*, pere de *Marie*. *Calm. Diss. sur la Généal. de J. C.*

2 *Sous le titre d'Epoux.* Pourquoi, dit S. Jérôme, le Verbe est-il conçu non par une *Vierge* comme *Vierge*, mais par une *Vierge* fiancée à un homme? 1°. Afin que par la Généalogie de Joseph, celle de Marie fut établie & démontrée, 2°. Afin qu'elle ne fut point lapidée comme adultere par les Juifs. 3°. Afin qu'elle eut une consolation,

voiler aux profanes, l'impénétrable mystére de la naissance de son Fils. Ce fut sous ce sage & vénérable conducteur, que Marie entreprit de se rendre à Béthléem, Capitale de la Tribu de Juda, pour se faire inscrire aux registres publics. Il seroit plus aisé de compter tous les grains de sable, que le vent du Sud éléve en tourbillons dans les plaines arides de la Lybie, que d'exprimer les peines & les fatigues que le foible vieillard, & la tendre fille de Jessé, pliante sous le précieux fardeau de la rédemption du monde, essuyérent dans

---

& un soutien dans sa fuite en Egypte. S. Ignace, Martyr, ajoute une quatriéme raison, afin, dit-il, que son enfantement fut caché au Diable qui croyoit que le *Messie* devoit naître d'une Vierge, & non d'une femme mariée. *Hiéron. Lib. 1. Comm. in C. 1. Math.*

les routes pénibles, que la misére leur rendoit encore plus difficiles. A leur arrivée ils trouvent la ville remplie d'étrangers, dont la foule embarrassante cherche, & demande confusément à se loger. Les maisons destinées à recevoir les voyageurs, ne peuvent suffire; & ce n'est qu'à prix d'argent qu'on trouve un azile dans Béthléem. Joseph & sa chaste Compagne, sont rebutés par tout; tout l'aspect du misérable, est odieux!

Sur le chemin & aux extrémités du Fauxbourg de Béthléem, se voyoit encore un reste de Bâtiment antique, dont les vastes ruines qui ne portoient plus le nom de Palais, marquoient encore la grandeur passée des Rois de Juda qui l'avoient habité. L'injure des ans étoit visiblement tracée sur les débris de ses murs épais, bâtis en partie ſur le roc : des plantes, des fleurs ſauvages avoient pris racine au milieu de ſes pierres arides ; le jour, ces ruines ſervoient de retraite à de chaſtes colombes, & à de conſtantes tourterelles. La nuit, les choüettes, les hiboux, les chats-huants y faiſoient entendre leur voix ſiniſtre ; un rocher eſcarpé dont les pointes à demi détachées, s'avançoient en ſaillie, formoit une grotte enfoncée, où de vils animaux [1] ſe retiroient au retour d'un pénible travail. Ce fut dans cette antique & miſérable maſure, & ſous ſes portiques

1 *Grotte où de vils animaux.* In ſtabulo naſcitur Chriſtus, & in præſepio reclinatur ; & nonne ipſe eſt qui dicit : *meus eſt orbis terræ ?* Quid ergo ſtabulum elegit ? Planè ut reprobet gloriam mundi ; damnet ſæculi vanitatem. *S. Bern. Serm. 3. de nat.*

ruinés, que Marie & son Conducteur fidéle, furent contraints de chercher un azile ; Dieu l'avoit marqué lui-même de sa main, pour y commencer la premiere satisfaction dûe à sa justice.

Déja la nuit précipitoit les pas tardifs du Laboureur fatigué, & le faisoit rentrer dans sa chaumiere. Déja l'austére capricorne[1] traînant à sa suite les noirs frimats, l'hyver, & son solstice ridé, abrégoit la durée inégale du jour. Déja le froid Aquilon par son soufle glacial, avoit congelé la surface des eaux, & couvert les rivieres de voûtes luisantes, & solides, qui sembloient en ar-

1 *Capricorne.* Constellation composée de vingt-huit étoiles, un des douze signes du Zodiaque, où quand le soleil est arrivé, il est solstice d'hyver.

rêter le cours. La terre amollie par la douce fluidité de l'air pendant le jour, durcissoit à l'approche de la nuit sous les pieds engourdis du voyageur; les nues épaissies par une forte compression, versoient à grands flots de leur sein la bruine, & la neige, qu'un vent impétueux dispersoit à son gré avec des sifflemens aigus: les arbres dépouillés de verdure, n'étoient hérissés que de glaçons. Les bergers des campagnes voisines retirés sous des cabanes de chaume, veilloient à la garde de leurs troupeaux nombreux, à l'aide de leurs chiens vigilans, & passoient la nuit auprès des feux qu'ils avoient allumé. Déja les hommes & les animaux également livrés à un sommeil tranquille, oublioient leurs peines & leurs travaux dans les illusions des songes délassans. Le silence muet tenoit [1] tout en suspens, & la nuit étoit parvenue au milieu de sa course; lorsque par un doux tressaillement, l'auguste Vierge sentit approcher le moment heureux qui devoit manifester le *Messie-Dieu* sous une chair mortelle. Qui pourroit raconter sa génération éternelle [2] ? Anges nos voix sont-elles assez sublimes ? Esprit de force, & de persuasion, coulés vos accens

1 *Le silence muet tenoit.* Cùm enim quietum silentium contineret omnia, & nox in suo cursu medium iter haberet, omnipotens sermo tuus de cœlo à regalibus sedibus venit. *Sap. 18. 14.*

2 *Sa génération éternelle.* Nam illa superna & æterna generatio secundum quam, Filius Dei unigenitus est ante omnem creaturam, quia omnia per ipsum facta sunt, ita ineffabilis est, ut de illa dictum à Propheta intelligatur, *generationem ejus quis enarrabit? S. Aug. lib. 2. de consensu Evangelist.*

dans

dans ma bouche, & j'apprendrai aux mortels le mystére ineffable..... Mais vous seul l'opérâtes, vous seul pouvez l'exprimer dignement. Déja la Lune avoit neuf fois renouvellé son croissant & ses phases dans votre hemisphére, depuis que soumis aux loix de la nature, l'Emmanuel gissoit enfermé dans un sein virginal. L'instant de sa venue arrive : Cieux abbaissez-vous ! Cet Etre souverain qui a existé avant que tous les siécles existassent, cet Etre infini qui contient tout, sans pouvoir être contenu, qui se suffit à lui-même, qui est en même tems & Créateur, & Créature, le Verbe se dégage de ses liens, sa mere l'enfante sans douleur[1] en l'adorant. Terre tes mal-

1 *L'enfante sans douleur*. La Sainte Vierge en mettant J. C. au monde, ne

heurs ſont finis ; ton Sauveur vient de naître ; avec lui paroiſſent l'humanité & la bénignité ; la miſéricorde accourt du Ciel, & s'unit à lui pour toujours ; la miſere au front refrogné, le reçoit dans ſes bras ; & la pauvreté au teint pâle, & décharné, ſe prépare à être ſa nourrice & ſa mere.

A peine le Dieu de la lumiere eût vû le jour, que l'Eternel dont les regards étoient fixés ſur ſon

---

participa point aux douleurs que les femmes ſouffrent en enfantant, parce qu'elle n'avoit pas conçu à la maniere ordinaire des femmes, mais par l'opération ſurnaturelle de l'Eſprit Saint. Ainſi, dit ſaint Thomas, Marie ayant été exceptée de la malédiction prononcée contre les filles d'Adam, elle conçut miraculeuſement, & elle enfanta avec joye, ſelon qu'il eſt *dit dans Iſaïe chap. 35: Germinans germinabit ſicut lilium, & exultabit lætabunda & laudans.*

Verbe dès le moment qu'il étoit ſorti de ſon ſein, appella tous les Anges autour de ſon trône ; mon Fils vient de naître ſur la terre, nous dit Dieu d'un viſage ſerein, que tous les eſprits céleſtes l'adorent [1] ! Divin Enfant, je vous reconnois à mon Image ; oüi, vous êtes mon Fils ; c'eſt aujourd'hui que je vous ai engendré ; Miniſtres fidéles plus agiles que la flamme [2], & plus prompts que le vent. Hâtez-vous de lui rendre hommage ; allez faire éclater ſa gloire dans les airs, & proclamer ſur la terre la paix

---

1 Tous les eſprits céleſtes l'adorent. *Cum iterum introducit primogenitum in orbem terræ, dicit & adorent eum omnes Angeli Dei. Hæbreos. c. 1.*

1 Plus agiles que la flamme. *Qui facit angelos ſuos ſpiritus, & miniſtros ſuos flammam ignis.* Ibid.

qui réconcilie en ce jour tous les hommes à ma grace.

Dieu cessa ; & le son ineffable de sa voix duroit encore, lorsque mille voix angéliques firent retentir les voûtes de l'Empyrée. On entendit les neufs Chœurs des Anges qui partoient, & répétoient à l'envi, *un Enfant nous est né*[1] ; *un Fils nous est donné* ; *sa principauté sera sur son épaule* ; *il sera appellé l'Admirable*[2] ; *le Con-*

---

1 Nous est né. *Parvulus enim natus est nobis & filius datus est nobis, & factus est principatus ejus super humerum ejus, & vocabitur nomen ejus admirabilis, consiliarius, Deus, fortis, pater futuri sæculi, princeps pacis.* Isaïe c. 9.

2 L'admirable. *Admirabilis in nativitate, consiliarius in predicatione, Deus in operatione, fortis in passione, Pater futuri sæculi in resurrectione, princeps pacis in æterna beatitudine.* J. C. est l'Admirable dans sa naissance, le Conseiller dans la prédication de l'E-

ſeiller, le Dieu, le Fort, le Pere du ſiécle futur, le Prince de la paix. C'eſt avec de tels chants que nous approchons à tire d'aîles des larges portes du Ciel, elles s'élevent, nous ſortons en foule; tel un torrent reſſerré par des rochers eſcarpés, ſe précipite avec fracas au milieu d'une vaſte plaine. A peine notre milice brillante s'étendit dans le Firmament, que la nuit qui y regnoit, s'éloigna à regret, & ſe retrécit ſur elle-même. Alors nos guerriers aîlés proclament l'alliance nouvelle; nos chœurs ſur les accords les plus éclatans, célebrent la naiſſance temporelle du Verbe incarné, &

---

vangile, le Dieu dans ſes opérations, le Fort dans ſa paſſion, le Pere du ſiécle futur dans ſa réſurrection, le Prince de la paix dans la félicité éternelle. *S. Bernard. Serm. 53. de divers.*

chantent trois fois : *Gloire à Dieu dans le Ciel*[1], *& paix sur la terre aux hommes de bonne volonté*, & trois fois, les nuës, les montagnes, & les collines, nous répondent en échos, qu'elles la recevoient avec joye cette paix tant desirée. Frappés de nos accens immortels, & de la brillante apparition d'un des nôtres, les bergers glacés de crainte, apprenent bientôt le sujet d'une allégresse si générale ; ils accourent à la grotte de Bethléem ; nous les devançons avec des chants non interrompus, & nous rendons nos hommages invisibles au Dieu enfant. La lumiere divine qui éclatoit de sa personne sacrée, se communiquoit à son auguste mere,

---

1 *Gloire à Dieu dans le Ciel.* Gloria in excelsis Deo, & in terra pax homibus. *Luc. c. 2.*

rejailliſſoit ſur le vénérable Joſeph, & diſſipoit les horreurs de l'antre obſcur où deux animaux proſternés aux pieds de ſon berceau l'échauffoient de leur ſouffle, pendant que les bergers ravis d'admiration, de reſpect, & de joye, l'adorent avec nous, & lui conſacrent les prémices de leur troupeaux en lui préſentant l'agneau, ſymbole du ſacrifice expiatoire, qu'il offrira un jour dans ſa perſonne. Bientôt guidés par une étoile brillante qui marche devant eux, & qui ſe fixe ſur Bethléem, arrivent les Rois de l'Orient ſuivis d'un nombreux cortege; ils entrent dans l'étable lumineux [1], & dépoſant aux pieds

1 *Dans l'étable lumineux.* In præſepio jacebat, & Magos ab oriente ducebat: abſcondebatur in ſtabulo, & agnoſcebatur in cælo: ut agnitus in cælo,

de Dieu enfant leurs ſceptres & leurs couronnes, ils l'adorent [1], & ils lui rendent hommage par des préſens myſtiques [2].

Déja le Verbe incarné avoit reçu les hommages du monde entier, dans les adorations & les pré-

---

manifeſtaretur in ſtabulo. *S. Auguſt. ſerm. 30. de tempore.*

1 *Ils l'adorent.* Adorant Magi in carne verbum, in infantia ſapientiam, in infirmitate virtutem, in hominis veritate, Dominum majeſtatis. Quod cordibus credunt, muneribus proteſtantur; *thus* Pontifici, *mirrham* homini, *aurum* offerunt Deo. *S. Leo. ſerm. 1. de Epiphan.*

2 *Preſens myſtiques.* Magi vero aurum, thus, & mirrham deferunt; *aurum* quippe regi, congruit, *thus* vero in Dei ſacrificium ponitur, *mirrha* autem mortuorum corpora condiuntur; eum ergo magi quem adorant, etiam myſticis muneribus prædicant, auro *Regem*, thure *Deum*, mirrha *mortalem*. *S. Greg. Pap. ex hom. 10. in Evang.*

ſens des Bergers & des Rois [1], dont il avoit confirmé la Royauté en étendant ſur eux ſes mains enfantines. Déja le Dieu enfant avoit reçu la circonciſion [2], ce

---

1 *Des Bergers & des Rois.* Ipſe Deus qui ſibi in veteri teſtamento primitias offerri mandavit, homo natus, gentium primitias ſuo cultui dedicavit. *Paſtores* fuerunt primitiæ judæorum, *Magi* facti ſunt primitiæ gentium. Illi de proximo adducti, iſti de longinquo reducti. *S. Fulgence. ſerm. 5. de Epiphan.*

2 *Circonciſion.* J. C. voulut être circoncis pour pluſieurs raiſons, ſelon ſaint Thomas. 1°. Pour montrer qu'il étoit homme. 2°. Pour approuver la circonciſion que Dieu avoit autrefois inſtituée. 3°. Pour prouver qu'il étoit de la race d'Abraham, le premier qui eût reçû le précepte de la circonciſion. 4°. Pour ôter toute excuſe aux Juifs, qui auroient refuſé de le reconnoître s'il eût été incirconcis. 5°. Pour donner un exemple marqué de ſon obéiſſance à la loi en ce que quoique Dieu, revêtu de

premier acte de son obéïssance à la loi [1] de son pere ; déja arrivoit le jour marqué pour sa présentation au Temple. Siméon Pontife, & vieillard vénérable y avoit été conduit par une secrette inspiration ; la fille de Phanuel [2] Prophétesse octogénaire que l'esprit

---

la ressemblance d'une chair de péché, mais exempte de péché, il ne rejettoit pas le reméde par lequel la chair du péché avoit coutume de se purifier. 6°. Et enfin parce que se chargeant lui seul de tout le joug de la loi, il pût en délivrer tous les hommes. *S. Thom. 3 a. quæst. 37.*

1 *Obéissance à la loi.* O dispensationem ! O imperscrutabilem verbi in nos bonitatem ! legislator sub lege efficitur ; qui mosaïca præcepta dedit, non detractat cervicem inclinare præceptis. *S. Athanas. in occurs. sal.*

2 *Fille de Phanuel.* Anne fille de Phanuel de la Tribu d'Aser âgée de quatre-vingt-quatre ans, avoit le don de prophétie, & résidoit au Temple ; on croit qu'elle avoit la direction des filles

du très-Haut animoit souvent de ses divins transports, veilloit assidûment aux portes du Sanctuaire dès les jours de sa viduité; le Dieu Messie, porté par son auguste mere, approchoit du Temple, lorsque guidé par l'esprit prophétique, la mître au front, revêtu de ses habits Sacerdotaux, suivi de ses Lévites, le vieux Siméon [1]

---

qu'on y élevoit, & qui s'y consacroient pour avoir soin des ornemens qui regardoient le culte des Autels.

1 *Le vieux Siméon.* Comme il n'est point dit, ni dans les Evangelistes, ni dans l'Histoire des Juifs, qui étoit ce Siméon, & quel emploi il remplissoit dans le Temple, ou néanmoins il y a apparence qu'il étoit un des Prêtres, qui servoient au ministere des Autels sous le Souverain Pontife, on a crû pouvoir en faire un Prêtre, un Sacrificateur du premier ordre, & même un Pontife pour la dignité du sujet. Tout ce *qu'on sçait de lui*, c'est qu'il avoit l'esprit de Prophétie, & une foi vive au *Messie*,

accourt ſur les degrés du portique pour le recevoir. Mais à peine le pieux Pontife a-t'il le précieux enfant dans ſes bras, qu'une fureur divine [1] s'empare de lui;

---

que le Saint-Eſprit lui avoit promis de lui faire voir avant ſa mort.

1 *Une fureur divine.* Les Poëtes ſe ſervoient également du terme de *furor* & *horror*, pour exprimer les emportemens, & les tranſports ordinaires à ceux qui ſont ſaiſis de l'eſprit d'un Dieu. Ces mouvemens étoient en quelque ſorte communs à tous les Prophètes. Une différence qu'il y avoit néanmoins ſur cela entre les *véritables* Prophètes, & les *faux*, c'eſt que ces derniers étant agités du Démon, ſortoient entiérement d'eux-mêmes : & qu'au contraire les premiers, remplis de l'eſprit du vrai Dieu, ne ſentoient point ces agitations violentes, & demeuroient dans un état beaucoup plus raſſis. Mais cette inſpiration ne laiſſoit pas de produire le même effet dans les uns & dans les autres pour ce qui regarde le ſtile.

il pâlit; il rougit; ſes yeux ſe troublent; ſes jouës tremblent;

Les divers objets qui ſe préſentoient tout à la fois à leur imagination échauffée & élevée au-deſſus de toutes choſes, ne leur permettoit pas de ſuivre un ſtile lié & uni. C'eſt dans ce ſens que l'on peut dire fort juſtement avec le célebre M. *Huet*, que les Ecrits des ſaints Prophètes ſont ſcabreux, & preſque du même caractere que les ouvrages des plus grands Poëtes, qui pleins de leur enthouſiaſme, ont franchi les barrieres, & ne ſe ſont point aſſujettis aux régles ordinaires du diſcours. Les noms de *Prophètes*, & de *Poëtes* ont été donnés ſouvent indifféremment, & ſignifient également l'un & l'autre. L'inſpiration divine, *dit M. Huet dans ſon livre de la Démonſtration Evangélique*, dont les ſaints Prophètes étoient ſaiſis lorſqu'ils écrivoient leurs Prophéties, ne ſouffre pas cette liaiſon, cet ordre, & cette entiere conformité. L'extaſe produit ordinairement des choſes plus ſcabreuſes, moins liées & moins unies. *Horac. Dacier. tom. 2. pag. 246.*

ses genoux chancellent; » ô Dieu, » s'écrie-t'il, fermez maintenant » mes paupieres, livrez-moi au » sommeil des Justes; j'ai vû, oüi, » mes yeux ont vû [1] votre Verbe » adorable! Que me reste-t'il sur » la terre? Introduisez-moi dans » votre repos [2]...... Quel esprit

---

1 *Mes yeux ont vû.* Sciebat enim quia beati oculi qui eum viderent, & ipse accepit eum in ulnas suas & benedixit Deum & dixit, *nunc dimitte servum tuum Domine secundum verbum tuum in pace*, vide justum velut corporeæ carcere molis inclusum velle dissolui, ut incipiat esse cum Christo. *Ambros. lib. 2. comment. in Luc.*

2 *Dans votre repos.* Differebatur exire de sæculo, ut videret natum per quem conditum est sæculum. Dictum ei fuerat à Domino quod non gustaret mortem, nisi videret Christum Domini natum. Natus est Christus, & impletum est desiderium senis, in mundi ipsius senectute. *August. serm. 13. de temp.*

» m'enleve ! Où suis-je ? Levites, » soutenez-moi .... Le Temple » s'ouvre ; que vois-je ! Le Saint » des Saints dans les Cieux, & » dans mes bras ! Quelle majesté ! » de nouveaux siécles se déve- » loppent à mes yeux, la lumiere » des Nations brille sur l'Orient ; » elles accourent ; les Isles se ré- » jouissent [1] ; le Dieu de Sion re- » gne ; tous les peuples l'adorent. » .... Mais quelle subite horreur ! » Quel revers ! Quel affreux chan- » gement ! Sa gloire s'éclipse. » Ecoutez tous, & tremblez, » cet enfant est donné pour le » salut des uns, & pour la rui-

1. Les Isles se réjouissent. *Lætentur insulæ multæ. Psalm. 71. 10.* Dans l'Ecriture Sainte, les Isles désignent l'Europe, que les anciens ne regardoient que comme des Isles, eu égard au grand continent de l'Asie & de l'Afrique.

» ne de plusieurs [1]. Il est sur son
» front divin un signe de contra-
» diction [2]. O mere infortunée,
» que de glaives [3] vont percer vo-

---

1 *Pour la ruine de plusieurs.* Vides uberem in omnes gratiam, Domini generatione diffusam, & prophetiam incredulis negatam esse, non justis. Ecce & Simeon prophetat in ruinam & resurrectionem plurimorum venisse Dominum Jesum Christum; ut justorum iniquorum que merita discernat, & pro nostrorum qualitate factorum, judex verus & justus, aut suplicia decernat aut præmia. *Ambros. lib. 2. comment. in Luc.*

2 *Signe de contradiction.* Et in signum cui contradicetur. *Luc. 2.*

3 *Que de glaives.* Vere tuam, ô beata Mater, animam pertransivit (gladius) alioquin non nisi eam pertransiens, carnem filii tui penetraret, & quidem postea quam emisit spiritum tuus ille Jesus, ipsius plenè non attigit animam crudelis lancea quæ ipsius aperuit latus, sed tuam utique animam

» tre cœur ! Le regne de ce Fils
» disparoît, il est méconnu par
» son peuple ; il est défiguré par
» ses propres enfans, & déchiré
» par ses ennemis : quels atten-
» tats ! Quelle fureur ! Perfides,
» Arrêtez.... Mais, non, les traits
» partent du Ciel, c'est son Pere
» qui le frappe [1] ; il est sourd à sa
» voix ; il ferme l'oreille à la pitié ;
» son sang coule ; il inonde la
» terre ; il fait germer la paix ; il
» étouffe la haine, plus de pros-
» crits, plus d'anathêmes, il expie

---

pertransivit. Ipsius nimirum anima jam ibi non erat, sed tua planè inde nequibat avelli. *S. Bernard. serm. de 12. stellis.*

1 *C'est son Pere qui le frappe.* Un seul est frappé & tous sont délivrés. Dieu frappe son Fils innocent pour l'amour des hommes coupables ; & pardonne aux hommes coupables pour l'amour de son Fils innocent. *Boss. Hist. Univers.*

» le crime, il terrasse la mort, le
» Ciel est désarmé. «

C'étoit ainsi que le Pontife inspiré, prononçoit les Oracles du Dieu vivant au milieu de son Temple ; & déja l'enthousiasme sacré qui s'affoiblissoit en lui, rompoit doucement les liens qui l'attachoient à la vie. Le généreux Siméon remet le divin Enfant à sa mere ; il les bénit, il se prosterne ensuite pour en être béni lui-même. En cet état il l'adore ; il expire ; il meurt ; ses yeux restent fixés vers le Ciel ; son ame pieuse s'y envole, & son corps vénérable privé de vie & de sentiment, reste prosterné en la présence de son libérateur.

Cependant l'hommage public & solemnel des Rois au Dieu enfant, avoit trop éclaté pour ne pas exciter la jalousie & la fureur de l'Enfer. Hérode l'apprend ; il se trouble [1], & tout Jérusalem épouse sa frayeur. Sa méfiance aveugle verse cruellement le sang des innocens de

---

1. *Il se trouble.* Quid est quod sic turbaris Herodes ? Rex iste qui natus est, non venit reges pugnando superare, sed moriendo mirabiliter subjugare. Nec ideo natus est, ut tibi succedat, sed ut in eum mundus fideliter credat. Venit ergo non ut pugnet vivus, sed ut triumphet occisus : puer iste qui nunc à Magis dicitur *Rex Judeorum*, idem *Creator* est, & *Dominus Angelorum*. Qua propter cujus times infantiam nascentis, magis timere debes omnipotentiam judicantis. Noli eum timere regni tui successorem sed time infidelitatis tuæ justissimum damnatorem. Ite inquit, & renuntiate mihi, ut & ego veniens adorem eum. O calliditas ficta ! O incredulitas impia ! O nequitia fraudulenta ! Sanguis innocentium quem crudeliter effudisti, attestatur quid de hoc puero voluisti. *S. Fulgence. serm. 5. de Epiph.*

Ramath. O profondeur des decrets éternels ! le Dieu qui pour sauver son peuple, mit l'Egyptien en déroute, & le noya dans les flots de la mer Rouge ; le Dieu d'Israël [1] fuit luimême devant le glaive d'un Iduméen ; & celui qui n'aguéres avoit vû les Rois, & leurs Couronnes à ses pieds, court se cacher en Egypte [2] devant la face

---

1 *Le Dieu d'Israël fuit.* Quand Dieu ordonna à saint Joseph de passer en Egypte avec Jesus & Marie sa Mere, ce fut de nuit & à la faveur des ténebres qu'ils partirent, pour signifier que le Fils de Dieu, lumiere éternelle, laissoit dans la nuit de l'ignorance les incrédules, qui n'avoient pas voulu le reconnoître. *Hieron lib. 1. comm. in cap. 2. Math.*

2 *Se cacher en Egypte.* Le Sauveur se réfugie en Egypte, afin que cette Nation adonnée aux anciennes erreurs dont elle étoit la mere, & l'inventrice, fut amenée au salut par une grace secret-

d'un Roi tyran. Mais bientôt le tyran tombe du trône dans le cercueil ; Jesus revient [1] à Nazareth, il monte à Jérusalem, il enseigne dans le Temple, il y explique la loi aux Docteurs [2]. Content d'a-

---

te, & que ce païs qui n'avoit pas encore abjuré toute superstition, servit d'hospice & d'asile à la vérité. *S. Leon Pap. serm. 2. de Epiphan.*

1 *Jesus revient.* Mais quand le Sauveur retourne d'Egypte en Judée, l'Evangile ne dit point que ce fut de nuit, & dans les ténebres, parce qu'à la fin du monde, les Juifs embrasseront la foi de J. C. le recevront comme revenant d'Egypte, & en seront éclairés. *Hieron. Lib. 1. comm. in cap. 2. Math.*

2 *Explique la loi aux Docteurs.* La liberté de prêcher, & d'expliquer la loi dans le Temple étoit commune à tout le monde, dans les derniers tems des Juifs. Le Chef de la Sinagogue avoit ordinairement le premier droit de prêcher. On prétend qu'après lui le même droit

voir donné cette premiere preu-

---

n'appartenoit qu'à ceux qui étoient reçus Docteurs par le Sanhedrim, & qui après avoir eu l'imposition des mains se distinguoient par le titre de *Rabbi.* Cependant cela ne s'accorde pas avec l'Evangile. Car quand on prouvera que *S. Paul* avoit reçu le Doctorat, que *Manahem, Barnabas*, & *Siméon*, étoient des Docteurs à *Antioche*, on ne levera pas toute la difficulté. Car J. C. qui avoit la liberté d'entrer dans toutes les Synagogues de Galilée, d'y prêcher, n'a jamais reçu l'imposition des mains par le Sanhedrim, & on ne le regardoit pas comme un Docteur gradué. On le prouvera encore plus difficilement de *S. Pierre*, de *S. Jean*, & des autres Apôtres qui étoient pêcheurs, & qui n'avoient jamais pensé à être les Docteurs de leur Nation : vouloir que J. C. les ait menés dans le Sanhedrim pour y recevoir le titre de *Rabbi*, & l'autorité de prêcher dans les Synagogues, c'est entasser conjectures sur conjectures sans preuve. S'il y avoit eu des Prédicateurs & des Docteurs en titre d'office, on auroit

ve de sa mission, il disparoit, il

établi quelque ordre pour éviter la confusion. Cependant on voit que J. C. prêche non seulement à Jérusalem, mais dans les Synagogues de Galilée, & par-tout où il se trouvoit; ce désordre fait voir qu'on permettoit de le faire à tous ceux qui vouloient expliquer les Prophètes; on y étoit si peu délicat, qu'on recevoit même ceux qui étoient suspects dans la doctrine; ainsi il n'est pas étonnant qu'on laissa J. C. à l'âge de douze ans lire & expliquer Isaïe. Les Juifs disent encore aujourd'hui que *la lecture des Prophètes se peut faire par un enfant*, les Laïques lisent aujourd'hui la loi au peuple, & quoique ce soient ordinairement les Rabbins qui prêchent, ces Rabbins non point l'imposition des mains, & on fait si peu de distinction que le premier qui passe par une Ville, & qui offre de prêcher, est reçu à débiter son sermon, comme on faisoit du tems de Jesus-Christ & des Apôtres; ce fut ainsi que S. Paul & ses Associés, furent priés à Antioche de Pisidie de faire le Sermon du Samedi, *après la lecture de la Loi & des Prophètes*; &

ſe cache au monde, il coule des jours obſcurs dans l'étroite enceinte de ſa patrie ; il y vit ſoumis à Joſeph, & à Marie. Six luſtres [1] écoulés, il en ſort ; tel qu'un aſtre long-tems caché ſous la nuë, il reparoît, il ſe maniſeſte au monde, il unit le baptême à la circonciſion, il court au Jourdain, il y reçoit l'immerſion purifiante [2] des mains de ſon pré-

---

les principaux de la Synagogue députerent pour lui demander, *s'il n'y avoit point quelques paroles d'exhortation.* Act. des Ap. c. 13. *Baſn. tom. 6. chap. 14.*

1 *Six luſtres.* Trente ans.

2 *L'immerſion purifiante.* Joannes baptiſat, & accedit Jeſus ſanctificans quidem & ipſum qui baptiſat, præcipue tamen ut & veterem adam ſepeliat in aquis. Aſcendit Jeſus de aqua ſecum quodam modo demerſum educens & elevans mundum, & vidit non dividi cœlum, ſed aperiri, quod ſibi ac nobis poſt ſe aliquando adam ille concluſerat, ſicut

curſeur ;

curſeur ; ainſi il devient le nœud des deux alliances ; & il met le ſceau de perfection à la loi. De-là plein de l'eſprit de ſa miſſion, il paſſe en Galilée, il vous voit, il vous appelle ; ô fortunés Galiléens, heureux d'avoir été jugés dignes de ſon choix ! Plus heureux encore ſi vous êtes fidéles à vos hautes deſtinées, & ſi vous ſuivez docilement le maître qui vous a attachés à lui.

L'Archange parloit encore, lorſqu'une violente ſecouſſe, ébranla le Thabor, & fit trembler ſon ſommet par trois fois. Une voix terrible, mais en même tems douce & attrayante, ſe fit entendre du trône, & retentit dans les Cieux, *C'eſt ici mon Fils bien ai-*

& igneo gladio paradiſus fuerat concluſus. *S. Greg. Nazianz. Orat. inſta. lumina.*

mé, le seul Oracle qu'il faut écouter; soudain au centre de la gloire & de la Majesté divine, on vit l'homme-Dieu que son Pere embrassoit avec tendresse, après lui avoir remis le grand Livre scellé de sept sceaux. Une nuë claire formée de mille parfums, les environnoit; deux Chérubins les couvroient de leurs aîles déployées; Moïse & Elie étoient profondément inclinés; les Anges lui disoient en l'adorant, *O Adonaï, que votre nom est grand sur la terre & dans les Cieux!* Pierre reconnoît son Maître au milieu de cet éclat éblouissant, & dans un transport imprévû, il s'écrie, *ah, Seigneur, qu'il est bon d'être ici*[1]*! dressons-y trois tabernacles*,

1 *Qu'il est bon d'être ici.* His ergo Sacramentorum revelationibus Petrus Apostolus incitatus, mundana spernens,

un pour Vous, un pour Moïse, & le troisiéme pour Elie. Mais sa voix, & ses désirs se perdent dans les airs; au même instant Gabriel disparoît, la gloire du Thabor s'éclipse; la nuit l'efface, & reprend

---

& terrena fastidiens, in æternorum desiderium quodam mentis rapiebatur excessu, & gaudio totius visionis impletur, ubi cum Jesu optabat habitare, ubi manifesta ejus gloria lætabatur. Unde & ait, *Domine bonum est nos hîc esse. Si vis faciamus hîc tria tabernacula, tibi unum, Moïsi unum, & Eliæ unum.* Sed huic suggestioni Dominus non respondit, significans non quidem improbum, sed inordinatum esse quod cuperet, cum salvari mundus nisi Christi morte non posset, & exemplo Domini in hoc vocaretur credentium fides, ut licet non oporteret de beatitudinis promissionibus dubitari, intelligeremus tamen inter tentationes hujus vitæ, prius nobis tolerantiam postulandam esse quam gloriam. *S. Leon. Pap. Serm. de Transfig.*

son empire. Dépouillé de l'éclat de sa divinité, Jesus reparoît comme homme, au milieu de ses compagnons étonnés, & encore immobiles d'admiration, de crainte, & de respect. Levez-vous, leur dit-il, & contens d'avoir vû aujourd'hui la gloire du Ciel, la Majesté de mon Pere, & mon exaltation à son trône, gardez le silence, ne révélez à personne les merveilles [1] que vous

---

1 *Ne réveler à personne les merveilles.* Jesus-Christ ne veut pas que ses disciples révelent sa glorieuse transfiguration, & l'annoncent aux peuples comme un nouveau miracle, de peur que le merveilleux de cette transfiguration ne la rendit incroyable, & que sa passion & sa croix qui devoient suivre tant de gloire, ne devinssent un sujet de scandale pour des esprits terrestres & grossiers. *Non vult hoc*, inquit Hieronimus, *in populos prædicari*, *ne & in-*

avez appris ; lorſque j'aurai vaincu la mort en ſortant vivant du tombeau, alors divulguez ce myſtere, je vous le permets, & vous l'ordonne. En achevant ces mots, il rejoignit avec eux le reſte de ſes Compagnons qui l'attendoient au pied de la montagne.

Tandis que l'homme-Dieu renouvelloit ſes engagemens éternels avec ſon Pere pour la rédemption du monde, Satan ne ceſſoit de machiner, & de mettre tout en œuvre pour faire échouer une ſi glorieuſe entrepriſe ; fier & plein de confiance aux nouveaux moyens qu'il avoit imaginé, & qu'il ſe propoſoit d'exécuter ſans délai, il aſſemble ſes

---

credibile eſſet pro rei magnitudine, & poſt tantam gloriam apud rudes animos, ſequens crux ſcandalum faceret. Hier. *Comm. in Evang.*

Démons pour les leur communiquer, & requérir leur assistance. L'assemblée générale des Esprits infernaux s'étant formée dans les airs au-dessus du pinacle du Temple, Satan leur parla en ces termes.

Puissances Aëriennes, terrestres, & infernales, Dieux, Démons, Génies, faites silénce, écoutés tous. Les machines que nous avons dressé jusqu'ici pour borner les vastes projets de notre Adversaire, n'ont eu que peu, ou point de succès. Vous sçavez que j'avois entrepris de lui susciter un rival formidable, & de le mettre à la tête des Sectes qui existent dans la Synagogue, & qui la divisent; Hérode étoit l'homme que je voulois faire passer pour le *Messie*, quoiqu'il ne fut ni de la Tribu de Juda, ni même Israëlite, mais seulement *Pro-*

ſélyte; mes arrangemens étoient pris là-deſſus avec Hérodiade, ce digne ſupôt de l'Enfer; elle avoit conduit toute cette manœuvre avec une dextérité, & une politique qui mérite nos éloges. Hérode s'étoit ſenti flatté du projet, il s'y étoit prêté avec joye; il avoit été proclamé *Meſſie*, & il avoit vû avec plaiſir aux pieds de ſon trône, la plus grande partie de la Synagogue qui le reconnoiſſoit en cette qualité; il n'avoit plus qu'un pas à faire, pour ſe faire reconnoître généralement dans la Judée, & enſuite dans le reſte du monde; mais il a craint de lever le maſque; ſa politique bornée & timide l'a retenu; ce Tetrarque ambitieux comme la plûpart des hommes, d'une gloire, & d'une grandeur facile à acquérir, ne veut point l'acheter aux dépens de ſon repos, de ſa fortune présente, & peut-être de sa vie. En vain Hérodiade, & moi, avons essayé de le déterminer par les motifs les plus pressans, & les plus spécieux de la politique; rien n'a été capable de l'émouvoir. Tout ce que nous avons pû gagner sur son cœur, c'est de lui inspirer une hainc mortelle contre notre ennemi commun, & d'envoyer de nouveaux Satellites pour le tuer en secret. Les Sectes diverses se sont effectivement réunies par nos instigations; mais les nouvelles tentations dont j'ai assailli notre Adversaire, & les nouveaux piéges que je lui ai tendu par leur moyen, ont été vaines & inutiles; vous le sçavez, en vain j'ai armé le bras des Pontifes, des Prêtres, des Pharisiens, & autres pour le lapider, il a passé au milieu d'eux sans émotion & sans crainte. Je présume que cet excès de confiance, ne lui vient que de la protection du peuple qu'il a sçu gagner, & du grand nombre de partisans qu'il s'est fait par des prodiges utiles à plusieurs. Cette protection est sans doute, le fondement de la confiance qu'il fait paroître en toute rencontre, soit dans le temple, soit ailleurs. S'il en a chassé les vendeurs, s'il y a absous publiquement une femme adultere, & humilié ses accusateurs, c'est qu'il se sentoit appuyé du peuple qu'il abuse par une fausse éloquence, soutenue de quelques prestiges. Il s'agit donc de lui ôter cet appui, & cette ressource. Non seulement il faut prévenir que ce parti ne grossisse; mais de plus, il faut travailler à le ruiner; car les Pontifes, les Prêtres, Scribes, & Pharisiens, ne pourront ou n'oferont rien, tant qu'ils craindront le peuple : il faut donc lui aliéner ce peuple. Que ce soit par le mensonge, ou l'imposture, n'importe, rien n'est plus facile à séduire que le peuple ; il faut lui représenter le prétendu *Messie* comme un homme perdu pour les mœurs, & pour la doctrine ; qui sous un extérieur simple, & modeste, aime les honneurs, la louange, la bonne chere, & le vin [1]; qui mange avec les Publicains, & les pécheurs ; qui autorise la prostitution, & l'adultére ; qui viole le sabbat impunément, & sans scrupule ; mais sur-tout il faut publier qu'il a un *talisman* qui lui communique une vertu secrette ;

---

1 *Qui aime la bonne chere & le vin.* Ecce homo vorax & potator vini, publicanorum & peccatorum amicus. *Math.* 11. 19.

que ce *talisman* n'est autre chose que le nom de Dieu [1], qu'il a dérobé du Temple, & par la puissance duquel, il fait toute sorte de prestiges ; que dans les occasions où il semble guérir les pos-

1 *Le nom de Dieu.* Outre l'innocence & le sainteté de Jesus-Christ, il y a encore un troisiéme point qui n'est pas moins important, c'est ses miracles. Il est certain que les Juifs ne les ont jamais niés, & nous trouvons dans leur *Talmud* quelques-uns de ceux que ses disciples ont fait en son nom, seulement pour les obscurcir. Ils ont dit qu'il les avoit fait par les enchantemens qu'il avoit appris en Egypte, ou même par le *nom de Dieu*, ce nom inconnu & ineffable, dont la vertu peut tout selon les Juifs, & que Jesus-Christ avoit découvert, on ne sçait comment dans le Sanctuaire ; ou enfin parce qu'il étoit un des Prophètes prédits par Moïse, dont les miracles trompeurs devoient porter le peuple à l'idolâtrie. *Boss. Dis. sur l'Hist. Univ.*

ſédés, ce n'eſt qu'un jeu, par le pacte exprès qu'il a fait avec Béelzébuth Prince des Démons. Ces inſinuations, & toutes celles que nous mettrons en uſage trouveront crédit ſur les eſprits ſimples, & crédules qui n'examinent jamais le fond des choſes, & auſquels les apparences ſuffiſent; & c'eſt-là ce qui forme la multitude. L'impoſture une fois établie, la réputation & le crédit du prétendu *Meſſie* tomberont d'eux-mêmes; alors il ſera aiſé de s'en ſaiſir ſans appréhender une ſédition. Le peuple qui ne craint que lorſqu'il voit qu'on ceſſe de le craindre, le voyant ſans défenſe entre les mains de ſes ennemis, ceſſera de le croire le *Meſſie*, & *un Dieu.* Je dis plus, & telle eſt l'étendue & l'importance de mon projet; je ferai ſi bien, que ce peuple qui le favoriſe maintenant, ſe joindra à ſes ennemis ; honteux & irrité d'avoir été abuſé, il vengera ſur le ſéducteur, les effets de la ſéduction, & de l'impoſture qui l'aura aveuglé ; ainſi donc & ſans plus de délai, il faut captiver ce peuple que nous avons trop mépriſé juſqu'à préſent. Il n'eſt plus queſtion de s'emparer des corps, ni de multiplier le nombre des poſſédés, comme nous avons fait juſqu'à ce jour dans toute la Judée, la Galilée & les Provinces voiſines de Tyr, & de Sidon, ce feroit ne rien faire ; notre ennemi ne nous a que trop fait ſentir le pouvoir qu'il a de nous en chaſſer. Il faut tout bouleverſer, tout entreprendre, faſciner les eſprits, les diriger, & les porter aveuglément à tout ce que nous voudrons. Je prétens même que ce peuple dans ſa fureur, demande à grands cris le ſang de ſon prétendu Sauveur, qu'il en charge ſa poſtérité; que ſes plus zélés partiſans deviennent ſes accuſateurs; je n'oublierai même rien pour que ſes amis & ſes compagnons affidés l'abandonnent [1], doutent qu'il eſt Dieu, le renient, ou le trahiſſent; & afin que la juſtice ne ſoit point écoutée à ſon égard, j'animerai le Souverain Pontife d'un faux zèle de religion; j'intimiderai ſon Juge par les motifs ſpecieux d'une fauſſe politique; j'en arracherai un decret d'injuſtice ſous l'ombre même de la juſtice; & enfin je le ferai mourir de la mort

---

1 *L'abandonnent.* En effet tous les Apôtres tomberent. S. Pierre le renia, Judas le trahit, S. Thomas douta de ſa réſurrection, & tous l'abandonnerent lorſqu'il fut pris au jardin des Oliviers.

la plus ignominieuſe & la plus cruelle dans des tourmens nouveaux; alors on verra combien il en coûtera au prétendu Dieu du Ciel, d'avoir voulu s'en prendre aux Dieux de la terre. Il ne faut pas moins que Satan pour former une pareille entrepriſe, & que ſon vaſte génie pour la conduire à une heureuſe exécution. Mais comme nous n'avons de pouvoir ſur les eſprits que par la ſéduction, & qu'il ne nous eſt pas permis de rien entreprendre [1] ſur les corps

---

1 *Rien entreprendre ſur les corps.* Le Diable, *dit S. Auguſtin*, eſt comme un chien enchaîné, il ne peut mordre perſonne, ſi ce n'eſt celui qui en approche avec une aveugle & funeſte ſécurité. Il peut aboyer, il peut ſolliciter; mais il ne peut abſolument mordre que celui qui veut être mordu; il ne nuit point par la violence, mais par la ſéduction; il n'extorque pas no-

ſans une permiſſion expreſſe de Dieu, ainſi que j'en uſai à l'égard de Job, & que je me propoſe de faire perir notre ennemi par les mains des Pontifes, des Princes des Prêtres, & des Juifs, j'ai beſoin de Démons ſubalternes pour agir ſur l'eſprit de ce peuple; allez donc le diſpoſer, prévenez-le, aveuglez-le, rendez-le ingrat & cruel, de façon qu'ils ſoit toujours prêt à ſeconder les Pontifes, les Princes des Prêtres, & les Phariſiens, pour qu'ils ne ſuccombent pas dans leur deſſein, & que l'Enfer remporte enfin une victoire complette ſur le Ciel, par la paiſible poſſeſſion de l'empire de la terre.

---

tre conſentement, il nous le demande par ſes flatteries, il nous le ſurprend par ſes amorces. *Auguſt. Serm. 197. de tempore.*

Il dit, il part, & tous ſes Démons avec lui, ils volent enveloppés du brouillard infect, que leur ſouffle empeſté forme & pouſſe devant eux. Le poiſon qui en exhale, fait mourir les oiſeaux dans la région qu'ils parcourent. C'eſt à la faveur de ce brouillard, qu'ils fondent dans Jéruſalem. Déja leur venin contagieux s'étend aux quatre coins de la ville; ſous des formes empruntées, ils ſément la calomnie, & l'impoſture; mille opinions contraires s'élevent; mille bruits odieux ſe répandent contre l'homme-Dieu, l'envie leur donne du crédit; la diviſion naît; la diſcorde ſe gliſſe parmi le peuple [1], on s'atroupe dans les places publiques, on n'y

---

1 *La diviſion & la diſcorde ſe gliſſent parmi le peuple.* Et ſchiſma erat inter eos. *Joan. 9. 16.*

parle que de lui ; les Princes des Prêtres, les Scribes, & les Pharisiens, le décrient ouvertement sous le Portique de Salomon. On le cherche ; on se demande réciproquement, où est-il [1] ? Qu'est devenu cet Homme divin dont la piété, la justice, & la bonté sont sans égales [2] ? Cet homme est véritablement Prophète [3], disent les uns. Il est le Christ [4], disent les autres. Vous vous trompez, répondent les Princes des

---

1 *Où est-il ?* Judæi ergo quærebant eum in die festo, & dicebant, ubi est ille ? *Joan. 7. 12.*

2 *La justice & la bonté sont sans égales.* Quidam enim dicebant, quia bonus est. *Ibid.*

3 *Véritablement Prophète.* Alii vero dicebant, quia Propheta est quasi unus ex Prophetis. *Marc. c. 6.*

4 *Il est le Christ.* Alii dicebant hic est Christus. *Joan. 7. 41.*

Prêtres, les Scribes, & les Pharisiens, c'est un imposteur qui séduit les peuples [1]. Le Christ doit-il venir de la Galilée [2] ? Consultez les Ecritures ; vous y trouverez en termes exprès, qu'il doit sortir de la race Royale de David, & du Château de Béthléem, séjour de ce pieux Monarque. Que le Christ vienne d'où il voudra, repliquent quelques-uns, fera-t'il plus de prodiges, que cet homme qu'on nomme Jesus ? Qu'appellez-vous prodiges, interrompent les Pharisiens, prenez-vous de vains enchantemens, pour de vrais miracles, & pour un homme de Dieu, celui

---

1 *Séduit les peuples.* Alii autem dicebant, non, sed seducit turbas ; & murmur multum erat in turbâ de eo. *Ibid.*

2 *Le Christ doit-il venir de la Galilée ?* Numquid à Galileâ venit Christus ? *Ibid.*

qui n'obſerve pas le Sabbat [1] ; Dieu n'écoute pas les pécheurs [2]. Fauſſe opinion, crient alors pluſieurs d'entre le peuple, ſi ce n'étoit point là un homme de Dieu [3], pourroit-il faire les mer-

---

1 *Qui n'obſerve pas le Sabbat.* Non eſt hic homo à Deo, qui Sabbatum non cuſtodit. *Joan.* 9. 16.

2 Dieu n'écoute pas les pécheurs. *Scimus quia peccatores Deus non audit. Ibid.* L'on entend par cette propoſition que Dieu ne fait point de miracles pour autoriſer les pécheurs, & pour avouer leurs œuvres. *Vide Suares. tom.* 2. *de Relig. lib.* 1. *c.* 25. L'héréſie a encheri de nos jours ſur cette propoſition, en avançant ſcandaleuſement, que *la priere de l'impie eſt un nouveau péché.*

3 Si ce n'étoit point là un homme de Dieu. *Niſi eſſet hic à Deo, non poterat facere quidquam. Joan.* 9. 33. La conſéquence eſt juſte & ſe rapporte à la propoſition ci-deſſus, que Dieu ne fait jamais de prodiges pour autoriſer l'erreur ou l'impiété.

veilles que nous voyons ? Ainſi les partiſans de Jeſus, prennent ſa défenſe; mais déja leur nombre diminue inſenſiblement; ſoit ſéduction, ſoit crainte, les inſinuations calomnieuſes des Princes des Prêtres, des Scribes & des Phariſiens, prévalent à l'aide de Satan, & de ſes Démons. On éclatte en invectives contre le Sauveur; ceux qui ont reçu de lui des bienfaits ſignalés, les oublient. La reconnoiſſance eſt étouffée par une crainte politique; perſonne n'oſe plus parler publiquement en ſa faveur, & le peu qui lui reſte de partiſans & d'amis fidéles, eſt réduit au ſilence, ou eſt obligé de ſe cacher.

Fin du ſixiéme Chant & du troiſiéme Volume.